AF239147

Impressum

Bibliografische Information der Deutschen Nationalbibliothek:
Die Deutsche Nationalbibliothek verzeichnet diese Publikation
in der Deutschen Nationalbibliografie; detaillierte bibliografische
Daten sind im Internet über http://dnb.dnb.de abrufbar.

© 2024 Anne Leena Wentscher

Lektorat: Jutta Wentscher
Korrektorat: Jutta Wentscher
weitere Mitwirkende: Sven Brocke

Verlag: BoD · Books on Demand GmbH, In de Tarpen 42,
22848 Norderstedt
Druck: Libri Plureos GmbH, Friedensallee 273, 22763 Hamburg

ISBN: 978-3-7693-1841-8

Love Guess
And Rock On

Das Leben geht weiter

Anne Leena Wentscher

Vorwort

Leben ist Veränderung, heißt es immer so schön. Nicht jede Veränderung ist erfreulich, umso erfreulicher, wenn sie es doch einmal ist.

Leben ist Wandel, welcher zurzeit so schnell passiert, dass man manchmal gedanklich nicht hinterherkommt. Was hatte das vergangene Jahr bloß in Bewegung gesetzt?

Ich glaube, in dieser bewegten Zeit ist es gut, einen festen Pol zu haben, an dem man sich orientiert. Einen kleinen Felsen in der Brandung, auf dem man sich von den Wellen erholen und während der Stürme des Lebens durchatmen kann. Für mich sind dies kleine Auszeiten vom Alltag geworden, in denen ich - unter anderem - schreibe.

Vielen lieben Dank, dass du das Resultat in den Händen hältst und dir auch gerade eine kleine Auszeit vom Alltag nimmst!

Alltag. Ein Wort und eine so große Bedeutung. Alltäglich ist das, womit wir den größten Teil unseres Lebens verbringen. Alltag ist das, was wir oft nicht als Leben wahrnehmen. Die großen Ereignisse sind es, auf die wir uns freuen. Die kleinen täglichen Wunder vergessen wir oft. Im Alltag.

Unser tägliches Wunder ist im Moment die Anfallsfreiheit von Guess. Es ist April im Jahr 2021. Guess ist 80 Tage anfallsfrei. 80 Tage Alltag, 80 Tage tägliche Freude. Alltag ist für uns auch die pünktliche Tablettengabe, die uns diese Anfallsfreiheit ermöglicht. Und Alltag ist die große Dankbarkeit darüber, denn es ist keine Selbstverständlichkeit, dass es uns so gut geht. Wir haben großes Glück und das feiern wir. Alltäglich und in diesem zweiten Teil der Serie: „Love Guess And Rock On – Das Leben geht weiter".

Ein „High Five" für unsere Leser!

1. Kapitel

Guess lag auf ihrem Platz in der Küche. Das umgebaute Ikea Regal, das ich mit Holzfüßen versehen hatte und das quer vor den Küchenfenstern stand und mit einer Schaumstoffmatte, Decken und Kissen versehen war und Guess die Möglichkeit bot, sich mit dem Rücken oder dem Köpfchen an die warme Heizung zu legen, war der auserkorene Lieblingsplatz unserer kleinen Hündin. Von hier aus hatte ich einen wunderschönen Blick in den Garten, genoss den Anblick von Guess, wie sie friedlich schlummerte und leise schnarchte und vor mir stand mein Laptop. Ich wollte unbedingt das erste Buch über Guess ganz schnell in die Welt bringen und so schrieb ich am Wochenende früh morgens, wenn alles noch schlief. Vorher waren wir kurz im Garten, welchen wir durch einen kleinen Flur hinter der Küche erreichen konnten. Sogar unser alter Rüde begleitete uns morgens nun mit und fand den festen Tagesablauf, welchen ich für Guess geplant hatte, ganz angenehm. Dafür kroch er sogar morgens um 7 Uhr aus seinem kuscheligen Bettchen, tapste durch die Küche in den Flur zum Garten und folgte uns gemächlich.

In unserem Tal hatten alle Grundstücke Hanglage und unser Garten war in drei terrassenförmigen Ebenen angelegt. Das ebenerdige Stück des Gartens zur Straße hatten wir mit einem sehr hohen, blickdichten Holzzaun versehen, davor standen Kirschlorbeerbüsche, ein Magnolienbäumchen, ein roter Fächerahorn und eine Rotbuche mit langen herunterhängenden Ästen. Durch die Bäume und Büsche war es schattig und nur auf der Hälfte der Fläche wuchs grüner Rasen. Einen Teil dieser Ebene bewohnten meine Hühner, welche auch immer eine Attraktion für die Hunde darstellten. Um diese Zeit schliefen sie jedoch noch und die automatische Hühnerklappe war geschlossen. Ich saß mit meinem Kaffee auf den Stufen zur zweiten Ebene, neben dem Grab meiner alten Hündin Birka. Dort saß ich bei Wind und Wetter, genoss den Anblick von Gâteau, wie er sich unter den Kirschlorbeerbüschen den Rücken und den Kopf rieb. Ab und zu buddelte er ein wenig. Guess flitzte meistens einmal über den Rasen und erledigte notwendige Geschäfte. Wetterabhängig machte sie dann eine Runde über alle drei Ebenen des Gartens, um zu schnüffeln oder sie flitzte sofort wieder durch den Flur in die Küche, um dort ihren „Guten-Morgen-Keks" abzustauben.

Fräulein Smilla drehte auch ihre Runden durch den Garten, aber immer mit dem Resultat, dass sie mir ihren dreckigen Basketball auf den Schoß drückte, den ich gefälligst zu schießen hatte. Da konnte sie sehr hartnäckig und laut werden. Den Frühstückskeks gab es dann im Anschluss für alle drei Hunde, wenn wir zurück in der Küche waren. Guess vollführte ihren niedlichen Freudentanz, in der Hoffnung auf einen zweiten Keks. Manchmal klappte das auch, aber wir sollten ja weiter auf ihr Gewicht achten. Wenn nichts mehr kam, stapfte sie etwas trotzig von der Küche in das Wohnzimmer und suchte sich einen Platz zum Schlafen. Alle drei Hunde wussten, dass danach erst einmal nicht sonderlich viel Wichtiges für sie passierte. Sie legten sich wieder auf die Öhrchen, während ich den zweiten Kaffee trank und weiterschreiben konnte, denn es war Wochenende und ich hatte noch viel Zeit bis zur Tablettengabe und dem danach folgenden Spaziergang.

In der kommenden Woche sollte Guess zu unserer Tierärztin kommen. Wir wollten kontrollieren, wie sich der Blutspiegel vom Phenobarbital, welches sie jetzt seit zwei Monaten bekam, entwickelt hatte. Davon abhängig sollte sie künftig auch Kräuter zum Schutz der Leber bekommen, denn das Phenobarbital ist stark lebertoxisch. Aber man sollte es keinesfalls in der Zeit der Spiegelbildung geben, da die Kräuter auch die Aufnahme des Wirkstoffes hemmen konnten. Da Guess weiterhin anfallsfrei war, war ich guter Hoffnung, dass der Blutspiegel ausreichend gebildet sein würde. Eine Kontrolle konnte aber sicher nicht schade. Und auch Fräulein Smilla sollte einmal kurz beim Tierarzt vorgestellt werden, weil der entfernte, gutartige Tumor am Bein wieder zurückgekommen war. Sicherlich war dies auch kein Grund zur Besorgnis.

Die Messung des Blutspiegels sollte in der Mitte zwischen den Gaben des Medikamentes gemessen werden. Daher hatten wir an diesem Tag einen Termin am frühen Nachmittag. Als Erstes war Fräulein Smilla an der Reihe, weil sie immer furchtbare Angst vor dem Tierarztbesuch hat und je länger man diesen herauszögerte, desto größer wurde das Theater, welches sie auf dem Parkplatz aufführte. Auch diesmal kürzten wir

Stress für sie ab. Die Tierarzthelferin nahm mir Smilla an der Tür in Empfang. So langsam gewöhnte ich mich daran, die Hunde abzugeben. Hier waren zumindest die Hände und Gesichter nicht fremd. Fräulein Smilla musste ein wenig ausgetrickst werden: Ich tat so, als ob ich mit in die Praxis gehen würde, drückte der Tierarzthelferin auf halbem Weg durch die Tür die Leine in die Hand und schloss die Tür ganz schnell, nachdem der Angsthasenhund eingetreten war. Ich blieb mit Guess draußen auf der Bank sitzen. Die Sonne schien und Guess begrüßte mehr oder weniger freundlich nach persönlichem Geschmack die anderen Patienten, natürlich mit Abstand, denn man wusste ja nicht, warum diese zum Tierarzt gingen. Nach weniger als fünf Minuten wurde Fräulein Smilla zu uns zurückgebracht. Ich wusste bereits, dass sie kommt, bevor ich sie sah: Es knallte und der Grund dafür war Smilla, die von innen gegen die Glastür geknallt war. Ich nahm sie in Empfang und tauschte sie gegen Guess, die ganz selbstbewusst an der Seite der Tierarzthelferin in die Praxis ging, den Blick nach oben gerichtet mit fragenden Augen, ob sie vielleicht einen Keks für sie hätte.

Beim ersten Besuch mit Guess bei unserer Tierärztin waren mir noch die Tränen in die Augen gestiegen. Mittlerweile hatte ich mich doch an die Situation gewöhnt und vielleicht war es gar nicht so verkehrt, wenn ich nicht dabei war und meine Aufregung auf die Hunde übertrug.

Guess hatte wohl nur kurz gequietscht, berichtete die Tierärztin, aber wir mussten nun noch einen kleinen Augenblick auf das Ergebnis warten. Glücklicherweise hatte sie ein neues Gerät, welches den Blutspiegel im entnommenen Blut auswerten kann, ohne dass es aufwendig in ein Labor geschickt werden musste. Die Auswertung sollte ungefähr eine Viertelstunde dauern, also gingen wir ein wenig auf der Wiese neben dem Parkplatz schnüffeln. Guess roch die im angrenzenden Garten lebenden Meerschweinchen, konnte sie aber durch eine dichte Hecke nicht sehen. Aber auch die sicher hunderttausend anderen Gerüche diverser Patienten verursachten sicherlich ein wahres Feuerwerk in der kleinen Nase und im Köpfchen. Man sollte niemals die Anstrengung eines Tierarztbesuches unterschätzen! Die Hunde, auch wenn sie keinerlei Angst haben, sind durch die vielen Eindrücke und den Aufenthalt in der nicht gewohnten Umgebung erschöpft.

Was ich immer nicht ganz nachvollziehen konnte, war das Verhalten von Hundeeltern, die ihre Hunde an jeden Hund heranließen, der beim Tierarzt wartet, als sei es eine Verabredung zum Spielen unter Freunden. Bei der kleinen und niedlichen Guess war es wohl häufiger die Meinung, sie würde sich über die kurzzeitigen neuen Kontakte anderer Hunde freuen. Weit gefehlt! Weder ich wollte, dass Hinz und Kunz zum Schnüffeln kamen, noch Guess. Und ich teilte die Meinung nicht, dass die vierbeinigen Patienten alle aneinander riechen sollten, denn wie bereits geschrieben: Keiner stellte sich mit dem Grund vor, warum er zum Tierarzt ging. Was ich mir dann so vorstellen konnte: „Hallo! Das ist Sam. Sam hat eine Magen-Darm-Infektion, aber mal kurz beschnüffeln können sich die Hunde ja trotzdem?". Oder so: „Ach wie nett, immer mal neue Gesichter beim Tierarzt! Das ist aber ein süßer kleiner Hund! Darf Lotte mal ‚Guten Tag΄ sagen? – Schnüffel – Wir sind hier, weil Lotte Husten hat, und Sie?". Selbst mit meiner damals frisch operierten Hündin Birka saß ich im Wartezimmer, sie hatte einen Body an, einen aufblasbaren Halsreifen um und zitterte (das musste an der Rasse liegen). Da kam ein stürmischer, junger Retriever auf uns zugeschossen, der Besitzer flog hinterher mit den Worten: „Der will nur kurz Hallo sagen.". Was sollte das denn?! Ich ging beim Arzt schließlich auch keine Runde im Wartezimmer und schüttelte jedem anderen wartenden Patienten die Hand und freute mich über das Teilen und Einsammeln von Bakterien und Viren.

Was immer half, das war, wenn man sofort sagte, der eigene Hund hätte Flöhe. Was glaubst du, wie schnell andere Hundebesitzer Abstand nahmen?!

In diesem Moment kam unsere Tierärztin aus der Tür, um uns das Ergebnis mitzuteilen. Der Blutspiegel lag nach sechs Stunden der letzten

Gabe des Phenobarbital bei 38. Ich hatte mich vorher ein wenig belesen, dass der wirksame Bereich bei einem Blutspiegel zwischen 25 und 35 liegt. Er erschien mir etwas hoch, aber unsere Tierärztin war zufrieden und darauf vertraute ich absolut. Außerdem würde der Blutspiegel bis zur nächsten Gabe des Medikamentes auch wieder etwas sinken. Ich konnte definitiv damit beginnen, Guess Kräuter für die Leber zu geben, damit diese keinen Schaden nahm.

Ich brachte die Hunde zurück ins Auto, bezahlte die Behandlung und verabredete, dass wir nach ungefähr sechs Monaten zur Kontrolle kommen würden. Ich atmete einmal tief durch, alles wurde gut.

2. Kapitel

Unsere Tage begannen meistens gleich. Guess kratzte gegen sieben Uhr an der Schlafzimmertür, manchmal begleitet von ihrem herzzerreißenden Weinen. Unter der Woche stand ich dann sofort auf, wir gingen in den Garten, dann gab es den Keks und ich putzte die Praxis, während die Hunde noch eine Runde ihren Schönheitsschlaf hielten.

Am Wochenende versuchte ich gelegentlich Guess dazu zu bewegen, sich noch ein halbes Stündchen zu mir ins Bett zu legen, was mal besser und mal schlechter gelang. Besonders Fräulein Smilla, die den Platz im Bett als den ihrigen ansah, brummelte, wenn Guess hochhopste. Sie machte es Guess schwer, meine Einladung anzunehmen. Fräulein Smilla begab sich dann meistens weiterbrummelnd und schmollend ins Wohnzimmer, sobald Guess es sich bei mir gemütlich machte.

An diesem Tag war es vor sechs Uhr und Guess war sowas von gut gelaunt. Sie tanzte im Flur und begleitete mich in das Badezimmer, wo sie vor der Badewanne auf der petrolfarbenen, kuscheligen Bademate ihre morgendlichen Yogaübungen vollzog. Ich war nicht traurig, dass ich an diesem Tag nicht ausschlafen konnte. Ich mochte die Ruhe am Morgen und die Stunden für mich, in denen ich schreiben, lesen oder mit den Hunden kuscheln konnte. Es war am Morgen immer alles so friedlich und leise.

Guess bekam ihr Medikament weiterhin um neun Uhr dreißig morgens und abends. Das bedeutete für uns, dass wir eine halbe Stunde nach der Gabe der Medikamente einen Spaziergang machten und es unterwegs auch schon vereinzelt etwas Trockenfutter als Snack gab. Die Hauptmahlzeit musste aber warten, bis das Medikament verdaut war, also frühestens um zehn Uhr dreißig unter der Woche und auch mal etwas später am Wochenende, wenn wir größere Strecken zurücklegten. In ihr Frühstück bekam Guess von nun an ein Pulver aus Mariendistel zum Schutz ihrer Leber. Sie störte sich nicht daran. Sie fraß auch draußen weiterhin, was sie fand. Von Erde über Keksreste vor dem Kinder-garten bis hin zu Exkrementen von Katzen, Schafen und Wildtieren. Den kulinarischen Möglichkeiten auf den Spaziergängen waren nicht viele Grenzen gesetzt, in unserer Region glücklicherweise kein Grund zur Be-sorgnis. Aber darauf verlassen wollte ich mich auch nicht und wir pass-ten auf wie die Schießhunde, dass Guess nichts aufnahm, was ihr scha-den konnte. Ihren großen Appetit schob ich auch auf das alte Medika-ment, welches sie weiterhin bekam. Wir konnten es nun langsam abset-zen, da das Phenobarbital einen guten Spiegel gebildet hatte und an-scheinend auch die erwünschte Wirkung zeigte. Das Pexion sollte ich eine Woche zur Hälfte geben und dann ausschleichen. Ich entschied mich jedoch es zu dritteln und über einen etwas längeren Zeitraum von zwei Wochen abzusetzen, um kein Risiko einzugehen, dass diese Verän-derung einen Anfall provoziert.

Der Frühling ließ in diesem Jahr auf sich warten. Es war Ende April und immer noch bitterkalt. Wenige Tage zuvor hatte uns am Morgen im Gar-ten eine zarte, weiße Schneeschicht überrascht, was Guess dazu veran-lasste, schnell durch den Flur zurück in die Küche zu huschen, wo sie tanzte und auf den morgendlichen Keks wartete. Sie schlief danach wie-der an der Heizung auf der Bank in unserer Küche und ich schrieb, wie an fast jedem Wochenende in dieser Zeit. Ich wollte gerne, dass das Buch in wenigen Wochen erschien. Guess interessierte das weniger. Ich war jedoch aufgeregt. Würde es Menschen interessieren, was ich ge-schrieben hatte? Könnte ich mit dem Buch Hilfestellung leisten? Würde es Mut machen? Ich hoffte es sehr. Und Guess` Geschichte sollte um die Welt gehen, das hatte das kleine tapfere Hundemädchen verdient.

Es ging aufwärts für uns. Guess war nun fast hundert Tage anfallsfrei. Sie zuckte noch bei einigen Geräuschen zusammen, wie zum Beispiel beim Aufschließen der Metalltür auf unserem Hinterhof. Aber auch das Klirren von Tellern, wenn ich den Geschirrspüler ausräumte oder wenn Smilla sich direkt neben ihr schüttelte, viele dieser Geräusche erschreck-ten sie, lösten aber keinen Anfall mehr aus. Das Phenobarbital schien diese Schwelle zu unterdrücken und so wurde ich von Woche zu Woche ruhiger. Für uns ging vorwärts: Wir hatten für die folgende Woche unseren ersten Impftermin zur Coronaschutzimpfung. Etwas flau war mir im Magen, weil ich nicht wusste, was mich im Impfzentrum erwartete und natürlich auch wegen der ganzen Mythen, die über den Impfstoff im Umlauf waren. Aber für uns führte kein Weg daran vorbei, denn aus unserer Sicht war dies der einzige Schritt nach vorne in ein normales Leben ohne Angst vor Corona. Mir fehlten nicht unbedingt die sozialen Kontakte, denn ich war in der glücklichen Lage durchgehend zu arbeiten, hatte meine lieben Kunden täglich bei mir und konnte mich austauschen. Aber es fehlten mir Kunst und Kultur: ein Besuch in einem Museum, das Erleben einer Theateraufführung oder schlicht das Futtern einer großen Tonne Popcorn im Kino, ein Filmerlebnis ohne den heimischen Fernseher. Das alles wollte ich zurück und nahm diesen Preis dafür gerne in Kauf. Und letztlich durfte man der Wissenschaft ja auch Vertrauen schenken. Denn wo wären wir heute ohne sie?

Zum Ende des Monats April wurde es auch endlich etwas wärmer. In der Warteschlange vor dem Impfzentrum hatte ich am Tag zuvor noch gefroren, jetzt konnte ich den Hunden ihre Flauschdecken in die Sonne auf den Hinterhof legen, was sie sehr dankbar annahmen. Endlich überwogen wieder positive Gefühle im Leben. Ich war dankbar. Trotz aller Widrigkeiten, welche Anfang des Jahres auf uns gewartet hatten, ging es bergauf.

3. Kapitel

Wie schnell die Tage verflogen. Schon war es fast Mai und plötzlich waren es keine drei Monate mehr bis zu unserer Hochzeit. Ich hatte immer angenommen, ich würde das mit links machen, aber plötzlich wurde ich doch nervös. Wie alle immer zu mir gesagt hatten: Die To-Do-Liste wurde immer länger. Es waren meist Kleinigkeiten, die noch zu erledigen waren, aber es kam immer noch etwas dazu. Und natürlich waren die Hunde auch eingeplant, wie könnten wir denn ohne unsere Hundekinder heiraten.

Somit war die Wahl der Örtlichkeit einfach. In unserem kleinen Naturerlebnispark, welcher früher mal unser Freibad gewesen war, war seit Kurzem eine Außenstelle des Standesamtes und man konnte sich dort ganz romantisch auf einem Steg am Teich in der schön angelegten Grünanlage trauen lassen. Und die Hunde durften mit dabei sein.

Mein Kleid hatte ich bereits seit einem Jahr. Was konnte da noch schief gehen? Es war der letzte Tag im April und wir hatten unseren Besprechungstermin mit unserem Standesbeamten. Am Nachmittag wollten wir zum Juwelier fahren und unsere Ringe aussuchen. Es war ein besonderes Datum, denn an diesem Tag hätte meine alte Hündin ihren 16. Geburtstag gehabt. Es war drei Jahre her, dass sie uns verlassen hatte. Für mich auf tragische Weise, denn es kam überraschend. Mittlerweile dachte ich aber immer öfter dankbar an die gemeinsame Zeit zurück und freute mich auf den besonderen Tag.

Es war auch das erste Mal seit vielen Monaten, dass ich ohne Hunde etwas unternahm. Ein zunächst komisches Gefühl, aber es war wichtig und auch an der Zeit. Man war zum Eremiten geworden durch die vielen Lockdowns und Einschränkungen. Der Besuch beim Juwelier ging nur mit Terminabsprache – das war schon etwas Besonderes. Auch wenn es in den Innenstädten die Maskenpflicht gab und die Geschäfte nur bedingt geöffnet hatten, durch die leeren Gassen der Altstadt zu schlendern und sogar hin und wieder anderen Menschen zu begegnen war einfach schön. Und die Freude der Hunde war riesengroß, als wir am frühen Abend wieder nach Hause kamen. Auch das war ich nicht mehr gewohnt.

Es wurde unbedingt Zeit, sich wieder unter Menschen zu begeben und so fragte ich unsere Freundin, künftige Trauzeugin meines Mannes und die Lieblingstante der Hundekinder, ob sie uns nicht einmal wieder auf einem Spaziergang mit ihrem Hund Scooby begleiten wolle. Was war das für eine Freude am Gartentor zum Hinterhof, als Janine mit Scooby dort auf uns wartete. Ich ließ Smilla auf den Hof, sie preschte um die Ecke und schrie vor Freude. Sie tanzte auf den Hinterfüßen fast wie Guess am Morgen und Guess vergaß das Zucken, als ich das Tor öffnete. Smilla sprang Janine fast auf den Arm und bis ich zu ihr kam, um sie zu drücken, verging eine ganz Zeit.

Was sich ebenfalls wieder änderte, war das Verhalten untereinander von Fräulein Smilla und Guess. Eine ganze Zeit lang schien Smilla Guess eher aus dem Weg zu gehen.

Die anfänglichen Nebenwirkungen des Phenobarbital hatten Smilla verunsichert. Sie merkte natürlich, dass es ihrer Freundin nicht gut ging. Und sie registrierte ebenfalls meine Unsicherheit, denn ich fragte mich, ob es das Richtige war, was wir taten. Gâteau wurde auch zunehmend fröhlicher, der kleine weiße Hund war sehr aufmerksam und reagierte auf die Stimmung in seiner Umgebung. Auch er begann wieder am Abend zu tanzen und zu bellen, wenn er noch einen Nachtisch haben wollte. Das Leben ging weiter, für uns alle.

4. Kapitel

Unser Wohnzimmer war damals nicht sehr geräumig und ich hatte es ja bereits umgeräumt, nachdem Guess kurz nach der Umstellung auf das Phenobarbital hinter den Sessel gepurzelt war. Was allerdings der Vorteil dieses kleinen Raumes, der eigentlich nur aus Sofa, Sessel und Hundebetten bestand, war das die Möglichkeit sie zu überwachen mit einer Kamera. Vor einiger Zeit kaufte ich eine Überwachungskamera für Hunde, die auch über eine Keksschleuder verfügte, die über eine App Leckerli war. Drückte man auf den Keks, so flog nach Ankündigung durch ein Signal ein Leckerli aus der Kamera. Die Leckerlis befanden sich in einem Vorratsbehälter in der Kamera, der über einen festen Deckel aus Bambusholz verschlossen war.

Sie stand auf dem Regal oberhalb des Sessels, den ich nun ganz nah an das Regal geschoben hatte, damit der Spalt nicht zu groß war und Guess sicher auf ihrer Fensterbank in der Frühlingssonne schlummern konnte. Was ich allerdings nicht bedacht hatte, die Hunde konnten sich auf die Lehne des Sessels stellen und hatten somit Zugriff auf die Kamera.

Es war Dienstag. Mir schien es, als wäre es häufiger an Dienstagen, dass Guess lustige Ideen hatte. Ich hatte nebenan einen Patienten und kam fröhlich und gut gelaunt aus meiner Praxis in unseren privaten Bereich, guckte um die Ecke in unser Wohnzimmer und sah die Bescherung:

Die Kamera lag, säuberlich abgestöpselt vom Strom, der Deckel ordentlich abmontiert und beiseitegelegt, auf dem Boden mit ausgebeutetem Leckerlifach. Daneben saß ein Deutsch Drahthaar mit hängenden Schlappohren und tieftraurigem Blick. Drumherum tanzte Guess und freute sich. Vermutlich über ihre Extraportion Leckerli am Morgen. Ihr Hunger war nahezu unstillbar und ich musste aufpassen, dass sie nicht wieder in die Breite ging, was sich allerdings schwieriger gestaltete als angenommen. Denn Guess war klug, insbesondere wenn es um die Beschaffung von Nahrung ging. Und erstaunlich gelenkig dazu: Wie lang sie sich ziehen konnte, Klimmzüge in Perfektion vollführte, wenn nur ein Hauch der Chance bestand an Nahrung oder etwas Ähnliches zu gelangen.

Manchmal konnte ich den kleinen runden Augen nicht widerstehen und es gab mehr zwischendurch als eigentlich notwendig. Auf unseren Spaziergängen am Morgen hatte sich zum Beispiel das Ritual ergeben, dass Guess zwischendurch etwas Trockenfutter bekam, welches ich dann wieder von ihrem Frühstück abzog. Dieses Ritual baute Guess wie folgt weiter aus.

In unserem Dorf stehen viele Bänke zum Verweilen an schönen Plätzen. Unser morgendlicher Weg beispielsweise führte uns zunächst über einen planierten Friedhof, der parkähnlich angelegt war und wo Smilla ein wenig flitzen durfte, Guess und Gâteau dringende Geschäfte erledigen konnten und wo eben auch zwei der vielen Bänke standen. Diese beiden Bänke befanden sich neben vier aufgestellten Grabsteinen, die als Erinnerung an den ursprünglichen Ort geblieben waren. Guess sprang auf die Bank und ich fand wohl die Höhe zum Füttern ganz angenehm. Und so entstand was entstehen musste: Unser neues Hobby „Bankhüpfen".

Weiter führte unser morgendlicher Weg uns vorbei an dem Kindergarten unseres kleinen Bergdörfchens: steil am Berg gelegen in einer kleinen Straße mit wenigen Wohnhäusern einer ruhigen Gegend, solange dort nicht gerade Hauptverkehrszeit war. Die Straße endete an einem Wendekreis. Von dort aus führte ein Wanderweg bergauf in Richtung des Harzer Hexenstieges in Richtung des Waldes oder geradeaus zu einem Fußweg zu einem kleinen Freilichtmuseum mit einer schönen großen Wiese. Und entlang des Weges gab es Bergwiesen und einen traumhaften Ausblick auf das Dorf.

Smilla flitzte dort mit ihrem Ball, ohne den sie viel weniger Freude an der Morgenrunde hätte, Gâteau konnte ausgiebig die neusten Schlagzeilen der Dorfzeitung erschnüffeln und auf die Hügel steigen, die Nase immer hoch in der Luft oder auf dem Boden. Guess hingegen hatte nur ein Ziel: die nächste Bank in der Kurve, bevor sich der kleine Weg zum Freilichtmuseum schlängelte.

Die nächsten Bänke fand sie direkt vor Ort, die kreisförmig um das Freilichtmuseum aufgestellt waren und einen tollen Parcours bildeten. Guess nahm schon bei den letzten Stufen abwärts Anlauf. Ich musste dann auch mein Tempo beschleunigen, damit sie nicht nach acht Metern in ihre Flexileine rasselte. So eilten wir zur ersten Bank der Reihe und Guess hüpfte darauf, bekam ein Leckerli und sprang in den Zwischenraum zur nächsten Bank, um gleich darauf auch auf diese zu hüpfen. Es ergab sich der Ablauf, dass ich in den Momenten, in denen Guess auf einer Bank stand, Smilla den Ball warf und Guess ihr Stückchen Trockenfutter erhielt. Es waren fünf oder sechs Bänke, die wir so mitnahmen, bevor wir dann wieder den Aufstieg in Richtung unseres Zuhauses antraten.

Ich genoss jeden Morgen unser Ritual. Zufriedene Menschen hatten eine Morgenroutine, zufriedene Hunde hatten diese wohl auch.

Auf den Spaziergang folgte immer das Frühstück für die drei Hunde und ich begann danach zu arbeiten. Im besten Falle schliefen sie dann, aber manchmal eben auch nicht. So wie an dem Vormittag, als das Leckerlifach der Hundeüberwachungskamera spannender war.

Kapitel 5

Der 3. Mai 2021: bye bye Pexion.

Endlich konnten wir uns von Pexion als Medikament verabschieden. Über zwei Wochen hatte ich es langsam reduziert und nun konnten wir mit Luminal als Monotherapie fortfahren. Der letzte Anfall von Guess war im Januar und ich hoffte sehr, dass das Medikament alleine ausreichen würde. Wir fuhren zu unserer Tierärztin, Guess benötigte aber dieses Mal wirklich nur neue Tabletten, die wir leider schon immer entsorgen mussten, bevor die Packung aufgebraucht war. Ein großer Nachteil, den das Luminal mitbrachte, denn die 120 Tabletten in der Dose durften nach Anbruch nur drei Monate lang verwendet werden und Guess bekam morgens und abends jeweils eine halbe Tablette.

Der Weg zur Tierärztin sollte sich lohnen, deswegen verbanden wir den Besuch mit dem jährlichen Check-Up unseres Seniors, dem kleinen Gâteau (übrigens Gato ausgesprochen, französisch: Kuchen). Guess durfte in der Zeit auf dem Hof und in der Praxis schnüffeln, während ihr weißer Freund untersucht wurde. Ich hatte die Hoffnung, die fremde Nasenzeitung würde sie etwas müde machen, so aufgekratzt wie sie in der letzten Zeit war. Und vielleicht bestand für mich auch etwas Hoffnung, mal einen Tag länger als 5.30 Uhr schlafen zu können, denn das war derzeit ihre bevorzugte ‚Aufstehzeit' für Basenji-Yoga im Badezimmer oder für eine Runde durch den Garten. Mit anschließendem Frühstückskeks selbstverständlich, der ihr sehr lieb geworden war. Der eigentliche Sinn, der dahintersteckte, war dass sie morgens nicht unterzuckert sein durfte. Deswegen gab es immer eine Hand voll Trockenfutter. Mit leerem Magen lebte es sich nicht gut, ich konnte das sehr gut nachvollziehen.

Natürlich achtete ich auch bei dem Vorfrühstück auf den zeitlichen Abstand zur Tablettengabe, damit im Magen nichts verloren geht.

Zu dieser Zeit lernte Guess einige neue Tricks. Zum Beispiel ein „High Five", wenn sie einen Keks haben wollte. Und mit wie viel Elan Guess noch lernen wollte: ganz allein und sich auch noch einigen Quatsch aneignete. So räumte sie zum Beispiel auch ganz gerne mal meinen Schreibtisch in der Praxis ab, machte Klimmzüge und hoffte scheinbar, ich hätte dort etwas Essbares liegen. Und wenn es nicht genießbar war, aß sie es trotzdem, oder nagte es an, wie zum Beispiel mein Ladekabel des Computers. Das hing auch noch an der Steckdose, doch ich erwischte sie zum Glück gerade noch rechtzeitig und konnte sie vor einem Stromschlag retten. Guess war erfinderisch, ihr Appetit riesig, schlimmer als während der Gabe des Pexions, Luminal war nochmal eine ganz andere Nummer.

Wir mussten alles hochstellen, was ihr in irgendeiner Form gefährlich werden konnte, und ich versuchte sie so gut es ging zu beschäftigen. Mir fiel zum Beispiel auf, dass Guess ruhiger war und weniger anstellte, wenn wir mittags noch eine weitere Runde an der frischen Luft machten. Und wir gingen wieder etwas häufiger große Runden.

Mitte Mai trieb es uns so mit der ganzen Familie auf die Hanskühnenburg, ein bekanntes Wanderziel im Oberharz. Der Weg, etwas über fünfzehn Kilometer Gesamtstrecke, führte sehr ursprünglich über Felsen, aber mit wunderschöner Aussicht ins Vorharzland und zur Burg, wo wir rasteten. Mit dabei waren meine Mama, Fräulein Smilla, Gâteau und natürlich mein (bald) Mann.

Ein glücklicher Tag, Guess hatte viel Freude beim Hüpfen über die Felsen, Fräulein Smilla zog uns bergauf, Gâteau fand viel Gras zum Zertrampeln und genoss, dass er mal wieder eine lange Strecke gehen durfte (und diese auch richtig gut meisterte). Auf den nassen Teilen des Weges lernten wir: Wenn wir trockene Schuhe behalten wollten, dann mussten wir nur Guess` Hüpfer folgen, die intuitiv den trockensten Weg fand.

Guess auf dem trockenen Pfad, während Gâteau lieber durch den Matsch geht.

Für die Rast auf der Wiese vor der Burg hatte ich für die Hunde Kaustangen und frisches Wasser eingepackt. Wir beobachteten einen Moment das bunte Treiben der Wandersleute und Radfahrer. Von jung bis alt war alles vertreten. Auch einige Hunde waren zum Beobachten da. Den Rückweg wählten wir etwas einfacher, dafür war er auch langweiliger: ein gerader Weg ohne Aussicht, aber auch ohne Stolpersteine und Nässe. Und die Hunde gingen ohnehin lieber eine Runde als hin und zurück auf dem gleichen Weg.

Zuhause waren alle drei erschöpft und schliefen ganz zufrieden – und träumten ebenfalls alle drei wild strampelnd und bellend, sogar der Basenji.

Ich setzte mich nun wieder an mein Herzensprojekt. Das Buch über Guess und unseren gemeinsamen Weg sollte bald veröffentlicht werden. Ich saß an den letzten Seiten, Tag für Tag schrieb ich, weinte zwischendurch, ich lachte und ich fluchte, als meine Mutter mir das korrigierte Skript für die Überarbeitung gab. Gefühlt schrieb ich wochenlang das Buch noch einmal neu. Und wie aufgeregt ich war. Mein erstes Buch. Letztendlich war mir nicht wichtig, wie oft es sich verkaufen würde. Ich wollte ein Buch schreiben, das Mut machte, sich in das Thema einfühlt, auch wenn die LeserInnen nicht persönlich betroffen waren. Ich wollte ein Buch schreiben, was feinfühliger machte, wenn Nichtbetroffene mit Betroffenen sprachen und es sollte die vielfältigen Möglichkeiten der Behandlungsmöglichkeiten aufzeigen, die es gab, denn kein „Fall" war wie der andere und sollte doch einzeln bewertet und behandelt werden.

Meine Freude kehrte wieder, von Tag zu Tag an dem Guess keinen Anfall hatte. Auch gewöhnte ich mich an die gebliebene Schreckhaftigkeit, wenn ich zum Beispiel das Gartentor öffnete und ein metallisches Geräusch erklang. Ich bildete mir ein, ihre Schreckhaftigkeit wurde stärker, je länger die Packung mit ihren Tabletten geöffnet war. Ich überzog die drei Monate nur einmal. Es passierte nichts, was war ich froh.

Am 14. Juni veröffentlichte ich das erste Buch über Guess und unser Leben. Was war das für ein Highlight in meinem Leben. Etwas, das ich geschaffen hatte war nun für alle Welt zugänglich. Von Tag zu Tag war es in immer mehr Onlineshops verfügbar, unter anderem auch beim großen „A" oder in Buchhandlungen. Ich war so stolz und freute mich über die ersten Käufer, die ganz begeisterte Kritiken äußerten und nun sehnlichst das zweite Buch erwarteten.

Am 19. Juni feierten wir 150 anfallsfreie Tage. Meine kleine Kämpferin, die wieder ganz die alte war. Ich traute mich nun auch wieder ihren Kumpel Scooby einzuladen, den Guess sehr gerne mochte. Ich glaube, sie hatte ihn auch noch nie angeknurrt, wie es sonst häufig ihre Art bei Hundebegegnungen war.

Es wurde wärmer, der Sommer zeigte sich jetzt in allen seinen wunderschönen Facetten. Alles blühte herrlich in allen erdenklichen Farben, die grünen Bäume spendeten Schatten in der Mittagssonne. Abends war es herrlich lange warm, so dass wir oft bis mitten in der Nacht auf unserer wunderschönen Terrasse saßen. Die Hundebetten waren dort auch so platziert, dass alle drei Hunde immer in unserer Nähe liegen konnten. Aber auch tagsüber nahmen wir uns mehr Zeit, um die Sonne zu genießen und ich stürzte mich nach der Buchveröffentlichung in unser größtes Projekt in diesem Jahr: unsere Hochzeit.

Ich fand einen wunderschönen steckbaren Topper für unsere Hochzeitstorte. Drei Hunde und das Brautpaar, personalisiert mit unseren Namen und unserem Hochzeitstag. Dieser Holztopper wurde extra angefertigt und hatte eine Lieferzeit von mindestens zehn Tagen. Anfang Juli kam er zu meiner Erleichterung früher an als gedacht. Nur noch fünfundzwanzig Tage bis zum Hochzeitstag. Ich legte den Topper ganz oben in das Regal, in einer Höhe von knapp zwei Metern, in die entfernteste Ecke vom Sofa, auf die Bücher, die dort standen. Das Arbeitszimmer wäre die bessere Wahl gewesen. Nach einem Termin nebenan in der Praxis fand ich die Reste des Toppers auf dem Sofa, völlig zerstört. Und Guess saß schmatzend daneben. Ein paar Tage später erwischte es die Rechnung meines Zahnarztes für eine Zahnreinigung. Papier wurde auch aus Holz gemacht, das schien aktuell ebenfalls zu einer ihrer kulinarischen Vorlieben zu werden.

Kapitel 6

Man sagte immer: „Wenn die Generalprobe mies läuft, dann wird die Premiere ein Erfolg.". Ob dies auch für die Hochzeitsvorbereitungen und die Hochzeit an sich galt?! Es lief alles schief, was nur schieflaufen konnte und das ab der dritten Woche vor dem Termin. Meine Bekannte, die uns unbedingt unsere Hochzeitstorte backen wollte, schickte mir auf meine Nachfrage, wann sie denn fertig wäre, die Antwort, es würde ihr zu viel werden. Herzlichen Glückwunsch! Wo fand man nun auf die Schnelle eine Konditorei, die einem in dieser Kürze der Zeit noch den Wunsch nach einer Hochzeitstorte nachkommen konnte? Von Anfang an hätte ich lieber ein Probeessen zum gegebenen Zeitpunkt gehabt und war dem Wunsch meiner Bekannten, die Torte für uns zu backen, nur nachgekommen, weil sie es so gerne übernehmen wollte. Zum Glück erreichte ich einen Bäcker und Konditor aus unserer Stadt, dem ich mein Dilemma schilderte. Er erklärte sich bereit, für uns eine Torte zu zaubern. Die Geschmacksrichtungen und das Aussehen klärte ich im Gespräch mit ihm. An dieser Stelle ein kleiner Spoiler: Sie übertraf geschmacklich und optisch am Ende alle unsere Erwartungen und war das Prunkstück auf dem Buffet unserer Feier.

Noch eineinhalb Wochen bis zur Hochzeit.

Smilla lag neben mir im Bett und begann auf einmal rückwärts zu niesen. Ich kannte dies bereits von meiner alten Hündin, die beim Buddeln immer gern etwas Erde einatmete und diese sie dann in der Nase störte. Aber Smilla war nicht buddeln, es war früh am Morgen und wir lagen noch gemütlich im Bett. Doch das Niesen nahm kein Ende. Verzweifelt guckte Smilla mich an und ihr Blick suchte gerade nach Hilfe. Dann kam mir plötzlich ein Gedanke: Wir waren am vergangenen Abend in der Wiese spazieren. Das Gras blühte dort gerade sehr stark und ich zog regelmäßig die Grannen aus dem Fell. Hatte Smilla nun eine in der Nase? Google warnte davor, dass Grannen wandern könnten und sich in die Lunge setzen. Blitzschnell sprang ich aus dem warmen Bett. Der überraschte Hund rannte niesend hinter mir her in Richtung des Telefons. Zunächst rief ich bei unserer Haustierärztin an, die mich darauf hinwies, dass zur Untersuchung nur eine Endoskopie in Frage käme und nur Kliniken über diese Möglichkeit verfügten. Weitere Telefonate mit den terminlich überfüllten Kliniken folgten. Mittlerweile war mir auch egal, in welcher Klinik Smilla untersucht werden würde. Ich nahm den erst-besten Termin, den ich erwischen konnte. Am Abend sollte sie nüchtern kommen und nach einer kurzen Eingangsuntersuchung (zu der sie frei-willig allein mitging) wurde Smilla in Narkose gelegt, ich fuhr wieder nach Hause und wartete nervös auf den Anruf, um sie wieder abzuholen.

Dieser Moment kam schneller als erwartet. Mit den Worten „Das Fräulein Smilla ist gerade aufgewacht und möchte gerne wieder nach Hause." meldete die Stimme am Telefon. Ich atmete erleichtert auf. Kurz wurde ich zum Arzt durchgestellt, der die Endoskopie durchgeführt hatte und wir besprachen das Ergebnis: ein bakterieller Infekt. Gesagt, getan: es gab ein Antibiotikum, ein Schmerzmittel für die etwas blutige Nase. Ich nahm Smilla mit nach Hause, wo sie sich in Ruhe ausschlafen konnte. Und es passierte, was passieren musste: Am nächsten Tag begann Gâteau am Morgen zu niesen und Guess nieste ab Mittag. Jackpot! Drei Hunde mit Zwingerhusten nur etwa eine Woche vor der Hochzeit. Ich rief wieder in der Klinik an und konnte mir Antibiotika für alle anderen holen, ohne sie vorstellen zu müssen. Sehr nett!

Nach vier Tagen war der Spuk vorbei. Zusätzlich bekamen sie noch Kin-derhustensaft und homöopathische Mittel. Um die Darmsanierung wollte ich mich dann nach der Hochzeit in aller Ruhe kümmern. Mehr Sorgen machte ich mir, ob der Stress der Krankheit bei Guess einen Anfall aus-lösen würde. Oder ob die vermehrten Zuckungen, die sie in den letzten Tagen hatte, durch die bereits länger geöffnete Tablettendose kamen.

Das Phenobarbital hatte eine große Tücke, die nicht vergessen werden durfte: Die Haltbarkeit. War die Tablettendose angebrochen, waren die sich darin befindenden Tabletten nur drei Monate verwendbar. Leider warf ich von jeder Dose etliche Tabletten am Ende in den Müll. Ich hatte das Gefühl, dass die Wirkung tatsächlich zum Ende nachließ. Ich beschloss, um kein Risiko einzugehen, dass Guess kurz vor, während oder nach unserer Hochzeit einen Anfall haben könnte, die Dose etwas frühzeitiger zu entsorgen und eine Neue zu öffnen.

Die letzten Tage des Countdowns zum großen Tag verbrachte ich damit die Terrasse, Einfahrt und der Carport, in dem wir feiern wollten, hübsch zu machen. Ich zupfte Unkraut, entfernte Spinnweben, Staub und Moos. Wir fegten, räumten, dekorierten. Einschließlich des Hochzeitsmorgens war ich beschäftig, damit unser Tag wunderschön werden würde. Für den Carport hatte ich Lamettavorhänge, Lampions, Lichterketten und ganz viel wunderschöne Dekoartikel besorgt. Das Buffet hatten wir neben einem Kühlschrank für Getränke platziert, die Bierzeltgarnituren aufgestellt. Vor dem Carport hatten wir als Sichtschutz und zur Vergrößerung des überdachten Platzes einen Pavillon aufgebaut. Ich dekorierte und räumte ganz gerne alleine, in aller Ruhe, ohne Gesellschaft. Aber auch hier hörte ich nicht auf mein Bauchgefühl und nahm die Hilfe einer Freundin an, die mir unbedingt helfen wollte. Ich war gerade dabei die Lampions an die Lichterketten und Balken zu hängen, da passierte es. Ich konnte nicht laut genug schreien, als die erste Lichterkette sich löste, weil die Freundin zu fest daran zog und die ganze Deko auf den Boden segelte. Seufzend nahm ich mir die Heftzwecken, um alles wieder neu zu befestigen – und stach sie mir eine in den Daumen.

Das Blut lief. Und lief. Und lief. Und mir liefen die Tränen. Blut und weißes Kleid waren eine Kombination, die ganz schlecht zusammenpassten. Ich lief weinend ins Haus. Die Freundin entschuldigte sich vielmals dafür, alles durcheinander gebracht zu haben und fuhr nach Hause. Die Hunde schauten mich ganz verwirrt an, hatten bereits ihre wunderschönen Halsbänder um. Das Ringkissen, das Gâteau zur Trauung tragen sollte, lag auf der Anrichte. Weder Blut noch Tränen konnte ich in diesem Moment stillen.

Mein Trauzeuge klingelte an der Haustür. Weinend öffnete ich und er fragte mich, was denn passiert wäre. Jammernd und wütend klagte ich ihm mein Leid. Er lachte mich an und sagte: „Daumen hoch, Krönchen richten und weiter machen!". Mit „Daumen hoch" hatte er mich, ich lächelte und das Motto wurde später natürlich auch fotografisch festgehalten.

Die Trauzeugin meines Mannes holte mich und die Hunde eine Viertelstunde vor der Trauung ab. Ich hatte es tatsächlich geschafft mich so herzurichten, wie ich es mir vorgestellt hatte, abgesehen von dem weißen Pflaster am Finger. Und bis auf einen kleinen Zwischenfall kurz vor der Zeremonie mit dem Pächter des Restaurants neben unserer wunderschönen Location, mit dem ich meine LeserInnen jetzt nicht vom Thema ablenken wollte, war es eine wunderschöne Hochzeit. Wir heirateten auf einem Steg am Teich, vor einem Wasserfall unter dem die Seerosen blühten. Unsere Gäste saßen unter einem Pavillon, der Sekt stand kalt. Die Sonne gab sich an unserem Tag besonders viel Mühe und die Gänsehautmomente nahmen in keinem Moment ab.

Als Gâteau mit den Ringen zu uns kam, musste ich mir die Tränen verkneifen. Guess kaute seelenruhig ihre Kaustangen und Smilla hielt Svens Trauzeugin auf Trab, weil sie gerne zu mir wollte. Oder sie wollte vom Steg ins Wasser hüpfen, oder auf der Wiese toben, oder alles nacheinander.

Es gab einen Sektempfang mit unserer Familie und den engsten Freunden. Bevor ich jedoch mit anstoßen konnte, musste ich einen Hundekotbeutel aus meinem Brauttäschchen ziehen, die ich sorgsam zwischen Personalausweis und Taschentüchern verstaut hatte. Ich sammelte ein Häufchen ein – that`s life. Im Anschluss gab es ein wunderschönes Fotoshooting und als Überraschung wurde für uns ein Sägebock aufgestellt. Es war herrlich!

Am Nachmittag hatten wir eine kleine Pause geplant, damit wir noch einmal verschnaufen und auch mit den Hunden spazieren gehen konnten. Denn den Abend mussten sie größtenteils allein in der Wohnung verbringen, es guckte natürlich immer einmal jemand nach ihnen. Aber der Hof war nicht sicher und die Gäste, die am Abend wiederkamen, eventuell auch nicht vor Smilla. Dass das Alleinbleiben in wenigen Wochen zu der nächsten Katastrophe führte, ahnten wir glücklicherweise an unserem Abend nicht und so feierten wir ein wunderschönes Hochzeitsfest in den Geburtstag meines Mannes hinein.

Kapitel 7

Nach unserer Hochzeit, dem Geburtstag meines Mannes und Geburtstag meiner Mama folgten noch einige Urlaubstage, die wir für gemeinsame Ausflüge nutzen wollten. Ich konnte noch gar nicht glauben, dass ich nun verheiratet war und ich war froh über die freien Tage, an denen ich alles erst einmal sacken lassen konnte.

Vor einiger Zeit hatte ich Bilder von den Höhlenwohnungen in Langenstein gesehen, die mir bisher völlig entgangen waren. Die Wohnungen waren in den Berg geschlagen worden und sahen winzig aus, ein wenig wie die Häuser der Hobbits in den bekannten Filmen. Ich stellte mir vor, wie niedlich Guess davor aussehen musste und war natürlich selbst neugierig. Denn bis vor wenigen Jahrzehnten hatten dort wirklich noch Menschen gelebt: ohne Strom, ohne Wasser, mit Holzöfen und unter einfachsten Bedingungen, mit kleinen Vorgärten, sehr niedlich anzusehen.

Wir packten die Mädels, Guess und Fräulein Smilla ein und fuhren eine knappe Stunde in den östlichen Teil des Harzes. Dort begaben wir uns dort auf die geschichtliche Erkundungstour, der doch sehr unscheinbar gelegenen Felsenwohnungen in einer Nebenstraße, die gar nicht einfach zu finden waren. Es waren fünf oder sechs kleine Wohnungen zu besichtigen. Dank Corona betraten immer nur wenige Menschen die kleinen Behausungen und man konnte sich alleine in den Räumlichkeiten umsehen. Guess war neugierig und tapste in jede Wohnung, als sei es schon immer ihre eigene gewesen, wie bei ihrem Einzug damals bei uns. Sie schnüffelte sich durch jeden Raum und fand sogar ein Bettchen in ihrer Größe, welches sie wohl zu gerne an dem warmen Tag für ein kleines Nickerchen genutzt hätte.

Damit die lange Fahrt nicht nur für eine Stunde in Langenstein sein musste, hatte ich mir überlegt, die Sandsteinhöhlen und die Burgruine Regenstein in der Nähe aufzusuchen, um dort noch ein oder zwei Stempel für die Harzer Wandernadel zu bekommen. Nach mehreren Umleitungen und Irrfahrten durch Blankenburg und Umgebung parkten wir einige Zeit später auf einem Parkplatz, von dem die Wege linkswärts zu den Sandsteinhöhlen und gerade aus bergauf zu der Burgruine führten. Es war wohl ein Rundweg, aber so weit kamen wir nicht. Wir stiegen aus, es donnerte. So gerne ich im Wald war, aber bei Gewitter fühlte ich mich gefährdet. Also entschieden wir: im Schweinsgalopp zur Ruine, den Stempel holen und im Schweinsgalopp wieder zurück zum Auto. Es waren knapp 900 Meter auf einer Strecke. Wir waren echt schnell, besonders zurück, nachdem ein dermaßen lauter Donner ausgerechnet in dem Moment über uns krachte, als ich den Stempel in mein Heft gedrückt hatte. Im Auto angekommen ging der Regen auch schon los und Guess atmete tief durch, als wenn sie froh war, genau rechtzeitig im trockenen und sicheren Auto sitzen zu dürfen.

8. Kapitel

7. August 2021 – 200 Tage anfallsfrei!

Ich war so glücklich. Zweihundert Tage ohne einen Anfall, vielleicht ab und zu ein kurzes Zucken, vielleicht ab und zu etwas Schreckhaft- oder Geräuschempfindlichkeit, aber kein generalisierter Anfall mehr seit zweihundert Tagen. Ich war froh, dass es Guess trotz der starken Medikamente gut ging. Ich war froh, dass sie wieder ganz die alte geworden ist und ich war froh, dass ich nicht mehr ganz so oft darüber nachdachte, dass sie krank war. Ich begann tatsächlich wieder etwas weniger durch die Wohnung zu schleichen, aus Angst ein Geräusch zu verursachen, das einen Trigger bei ihr auslöst. Darauf trank ich am Abend einen Sekt, um diesen tollen Tag zu feiern.

Und noch eine Zahl durfte ich an diesem Tag feiern. Das erste Buch über Guess war bereits fünfundfünfzig Mal verkauft und es bekam gute Bewertungen, worüber ich mich natürlich freute. Das bedeutete, dass ich die erste Spende in den Notfalltopf der Gruppe „Ein Hundeleben mit Epilepsie" zahlen konnte. Mit meinem Buch zu helfen und die Gruppe zu unterstützen war mir eine Herzensangelegenheit, denn wir kamen offensichtlich recht glimpflich davon. Vielen Hundemamas und -papas erging es anders, wie ich täglich las. Und das tat mir in der Seele weh.

Wo Freud`, da auch Leid. Manchmal kam es mir so vor, als ob gute Tage sofort mit schlechten bezahlt werden sollten. Guess bekam wenige Tage später Durchfall. Ich kochte ihr Moro`sche Möhrensuppe; sie bekam Heilerde und Kamillentee. Sie schlief viel und hatte Hunger, musste dann aber zum Erledigen ihrer Geschäfte wieder heraus, bis sie zwei Tage später sofort nach dem Fressen alles erbrach. Alle Symptome der Magendrehung läuteten laut in meinem Hinterkopf, aber sie hatte Kot abgesetzt und war auch nicht aufgebläht, eher im Gegenteil: Sie wirkte in der Taille eingefallen und mager.

In der Nacht darauf brach für Guess und mich die Hölle los. Ich konnte nicht so schnell laufen, wie Guess den Durchfall verlor. Wir waren zwanzigmal draußen, davon war ich vielleicht fünfmal schnell genug. Am nächsten Morgen waren Schlafzimmer, Flur, Wohnzimmer, Küche und besonders unsere Terrasse ein übelriechendes Schlachtfeld, das ich direkt nach dem Absagen aller Termine für den Tag anfing zu beseitigen. Natürlich begann ich mit den Wohnräumen und lüftete sie gründlich. Auf den Teppichen nahm ich auf was ich greifen konnte, für den Rest musste später der Nass-Trocken-Sauger eingesetzt werden.

Als ich mich bis zu der Terrasse vorgearbeitet hatte, bemerkte ich zwischen den zig Haufen, einen besonders eigenartig aussehenden dieser Art. Ich wollte ihn genauer inspizieren und holte mir einige Kotbeutel zur Hilfe. Der Übeltäter war gefunden: eine Sneakersocke, die in der Nacht den Weg aus dem kleinen Hund gefunden hatte. Ich atmete auf, war aber auch besorgt, denn Guess ging es natürlich nach diesen Tagen und besonders der letzten Nacht nicht gut.

Ich ging zurück ins Haus und schaute nach ihr. Sie schlief völlig erschöpft auf dem Sofa und hob nur ganz schwach den Kopf, als sie mich bemerkte. Die Schleimhäute oberhalb ihrer Zähnchen waren sehr blass, was mich dann natürlich sofort zum Telefon greifen ließ. Als Notfall durften wir uns umgehend auf den Weg zur Tierärztin machen, wo es für Guess Aufbauspritzen in Form von Elektrolyten und Vitamin-B gab.

Zuhause futterte Guess mit vollem Genuss, ohne sich danach zu übergeben, dafür sehr enthusiastisch, mit den Pfötchen im zweiten Napf. Ich dachte kurz an das Zitat von Astrid Lindgren: „Freiheit bedeutet, dass man nicht unbedingt alles so machen muss wie andere Menschen." Beim Basenji galt das scheinbar so: „Freiheit bedeutet, dass man nicht unbedingt alles so machen muss wie andere Hunde."
Den restlichen Tag verschliefen wir.

Kapitel 9

Im Herbst fuhren wir in den Urlaub. In unseren Lieblingsort Laboe.

Mit den Einzelheiten aus dem Urlaub möchte ich euch nicht langweilen, aber es war wunderschön. Guessie fand auf Anhieb „ihre" Bänke im Kurpark wieder, schloss kurze Bekanntschaften am Hundestrand, aber das Highlight für Guess war sicher ihre Verabredung, die ich für sie getroffen habe. Auf dem Rückweg fuhren wir einen kleinen Umweg und Guess durfte Ole kennenlernen.

Ole war auch ein Basenji und mit Oles Frauchen stand ich schon eine ganze Weile über Facebook und über Whats App in Kontakt. Wir fuhren in ein kleines Dorf namens Güster, wo Ole residierte. Ja, Basenji`s wohnen nicht einfach irgendwo. So durfte Guess in Oles Reich eintreten und nach kurzem Beschnuppern, ging das Flitzen durch den Garten los, um den Wäscheständer, um das Haus und wieder zurück. Bis Guess hinter dem Haus verschwunden war, weil sie irgendetwas für sie Spannendes gefunden hatte. Und dann war sie im Haus, weil sie auch dort auf Entdeckungstour gehen wollte. Was war Ole für ein freundlicher Gastgeber, er ließ Guess gewähren und sie in aller Ruhe erkunden.

Es war zu herrlich die beiden zusammen zu sehen, aber im Auto warteten die anderen beiden Hunde und auf uns noch ein langer Heimweg. So drückten wir uns und behielten diesen wunderschönen Moment als Erinnerung.

Nach unserem Urlaub am Meer, hatten wir eine Verabredung mit einer lieben Freundin für eine Wanderung auf den Berg. Der Achtermann sollte bestiegen werden.

Die Achtermannshöhe war einer der höchsten Gipfel nicht nur im Nationalpark Harz, sondern war der dritthöchste Berg Niedersachsens mit 925 Höhenmetern und befand sich nahe Königskrug, von wo wir starten wollten. Die gesamte Strecke sollte etwas über 7-8 Kilometer gehen und sollte auch von Guess und Gâteau noch gut zu schaffen sein. Etwas Bauchschmerzen hatte ich bei Gâteau mittlerweile jedoch schon, denn er war an diesem Tag genau vierzehneinhalb Jahre alt und ein Teil der Strecke war sehr unwegsam über Geröll und Wurzeln.

Die Strecke machte keinem der Hunde Probleme, zu unser aller Zufriedenheit. Es war etwas neblig, was im Harz immer zu einer verwunschenen Stimmung führte und wir unterhielten uns, wanderten und vergaßen die Zeit, was eine der schönsten Eigenschaften des Wanderns war, wie ich fand.

Unterhalb des Gipfels des Achtermanns befand sich ein kleines Plateau, wo es den Stempel für die Wandernadel gab und die Möglichkeit für eine kurze Rast. Was ich nicht bedacht hatte, das war, dass es dort oben doch empfindlich kühler war als am Parkplatz unten. Guess und Gâteau froren, so dass ich mir nur schnell das Fräulein Smilla schnappte und über große Stufen und Steine einmal kurz auf den Gipfel stieg.

Kaum oben angekommen, riss der Himmel auf und bot eine fantastische Aussicht über das Harzer Umland. Ich machte ein paar Fotos und stieg wieder hinunter, denn Guess und Gâteau sollten nicht zu lange frieren.

Guess auf dem Rückweg von der Achtermannshöhe auf einem Baumstumpf des recht kahlen Waldes

Immer mehr in den Hintergrund rückte die Epilepsie. Zeitweise dachte ich gar nicht mehr daran, manchmal sogar tagelang, abgesehen von den zweimal täglich bimmelnden Handyerinnerungen pünktlich an die Tablettengabe. Der Alltag, der genau darauf eingerichtet wurde und der Countdown, den ich immer weniger aufrief, wurde zur Routine. So bemerkte ich erst am 301sten Tag, dass wir die 300 Tage geschafft hatten. Ich feierte innerlich, knuddelte Guessie und wir machten ab, dass es auch noch so bleiben durfte.

Und es passierte wirklich eine lange Zeit nicht viel. Es wurde wieder Weihnachten, es gab für mich die dritte Coronaimpfung, wir gingen viel spazieren, machten zusammen Quatsch, hatten Spaß, machten es uns gemütlich - und Guess fing ihre erste Maus. Sehr erstaunlich fand ich, dass sie dabei nicht einmal ein Geräusch verursacht hat. In der Küche saß Guess unter dem Küchentisch und präsentierte ganz ordentlich einige Zentimeter vor sich die tote Maus. Das war, abgesehen von Guess`2. Einzugstag und ihrem gleich im frischen Jahr folgenden 11. Geburtstag das Spektakulärste, das uns in dem Winter 2021 passiert ist: Der Geburtstag wurde selbstverständlich mit Fleischtorte und Geschenken gefeiert. Eine Kuscheldecke bekam sie und natürlich etwas zum Knabbern, was in Geschenkpapier eingewickelt war und wenige Sekunden später als Konfetti in der Küche endete.

Ach nein, ich vergaß den Ausfall unserer Heizung. Der Alptraum eines jeden Basenji im Winter. Zum Glück hatten wir den Ofen im Wohnzimmer, so wurde es für uns alle – aber besonders für Guess – bei kalten Außentemperaturen erträglich. Das Leben ging ja schließlich immer weiter.

Dieser Vorfall war jedoch ausschlaggebend dafür, dass wir die Verantwortung für das Haus übernahmen, und die Wahl des ausführenden Notars fiel auf ein Büro, in welches die Hunde mit zur Verlesung und Unterschrift kommen durften. Guess und Smilla blieben immer noch nicht alleine und mussten somit mit in das Notariat. Während der Verlesung hatte der arme Notar seine Mühe, denn Smilla hielt das Büro für eine Tierarztpraxis und war ängstlich am Jaulen. Guess wollte auch gern auf einem Stuhl sitzen, was ich aber verhindern konnte. Herrje, was mussten die Menschen über uns denken. Wir gaben das Bild eines absolut chaotischen Haufens.

Unsere erste Amtshandlung im Haus war das Entrümpeln des Dachbodens. Nachdem der halbe LKW-Hänger gefüllt war, fuhren die Mädels und wir für drei Tage in den Kurzurlaub. Wir hatten ein Hotelzimmer in einem kleinen Surferhotel am Steinhuder Meer gebucht und ich freute mich riesig, denn die gleiche Surfschule, die ich von der Ostsee kannte, hatte direkt nebenan eine Filiale. Endlich wieder auf einem SUP stehen! Für Spaziergänge mit den Hunden standen Wald und Steinhuder Meer zur Auswahl. Das sollte doch an Abwechslung reichen.

Die Fahrt war auch nicht lang, etwas über eine Stunde benötigten wir bis zur Ankunft. Und dann das Drama: Ich hatte die Hundetasche zuhause vergessen, in der sich Guess` Notfallmedikament, die Tube Diazepam, befand, ebenfalls alle Kotbeutel und Smilla`s Ball. Jackpot! Mein Mann riet mir, ich solle nicht darüber nachdenken, damit ich das Unheil nicht beschwöre. Das versuchte ich auch so gut es ging, mit dem Gedanken im Hinterkopf, dass die Tiermedizinische Hochschule in

Hannover nicht aus der Welt war und ich ja die anderen wichtigen Medikamente und Futter dabei hatte.

Zwei Tage würde schon alles gut gehen, so lange wie Guess bereits anfallsfrei war. Ein komisches Gefühl blieb zunächst, aber es ging alles gut! Das konnte man leider vom Hotel nicht sagen, da es erstens eine Baustelle war und weder Frühstück noch anderes Essen in Reichweite bereit hielt. Vom Baulärm ganz abgesehen war der einzige Lichtblick der Kaffeeautomat auf dem Gelände, die Aussicht auf eine Stunde auf dem SUP und Zeit für uns, Zeit zum Lesen und Zeit mit den Hunden. Gâteau war gut versorgt in dieser Zeit zuhause bei meiner Mutter. In der Surfschule hatte ich eine kleine Kette entdeckt, auf deren Perlen ein „G" waren. Ich brachte sie Guess nach meiner kleinen Auszeit auf dem Wasser mit und sie stand ihr so gut.

Trotz aller Umstände, die dieser Kurzurlaub an Überraschungen, Gefühlen und Zuständen für uns bereithielt, nahm ich eine ordentliche Portion „Aloha-Gefühl" mit nach Hause und startete mit Leichtigkeit und Unbeschwertheit wieder in meinen Arbeitsalltag. Und das sollte auch noch eine ganze Weile anhalten. Wer hätte das gedacht?!

Kapitel 10

9. Epileptischer Anfall am 8. Juni 2022 ca. 9.35 Uhr

Dauer: unklar

505 anfallsfreie Tage (!!!)

Nach unserem Urlaub begannen wir die Planung für unseren großen Umbau. Geplant waren ein neues Badezimmer, da unser Altes ein Schimmelproblem aufwies und nach nunmehr fast 25 Jahren sanierungsbedürftig wurde. Eine neue Küche war mein Wunsch und im Zuge dieser Neuanschaffung sollte sich auch räumlich einiges verändern. Ich stieg mit voller Energie in die Planung ein. Wir besuchten ein Küchenstudio und ließen schon einmal unsere Küche planen. Zwei Wände sollten zu Gunsten einer großen Wohnküche weichen.

Eine neue Heizungsanlage – die eigentlich der ausschlaggebende Anlass für die Renovierung war – musste eingebaut werden. Ich war aufgeregt, in wenigen Tagen sollte es losgehen und ich verbrachte viel Zeit am Computer und am Handy, um mir Bäder anzuschauen, zu planen und im Geiste schon einmal zu gestalten.

Vormittags putzte ich wie immer die Praxis, bevor wir zur Hunderunde aufbrachen, dabei die Stöpsel im Ohr mit Musik oder einem Podcast. An diesem Morgen war es laute Musik, die meine gute Laune beflügelte. Gerade im Badezimmer mit dem Staubsauger angekommen, kam Fräulein Smilla ganz aufgeregt um die Ecke und ich wusste sofort, dass irgendetwas nicht stimmte. Ich flitzte ihr nach in die Küche und sah Guess etwas schwankend und neben der Spur an der Tür zwischen Wohnzimmer und Küche stehen. Auf den weißen Fliesen der Küche war eine Spur aus Speichel zu sehen. Ich deutete die Anzeichen als kurzen Anfall, aber ich habe es nicht gesehen. So landete meine Mutmaßung im Anfallstagebuch. An diesem Tag hatten wir 505 anfallsfreie Tage geschafft. Was für eine großartige Zeit! Und Guess ging es sehr schnell wieder gut, so dass ich die Vermutung einfach Vermutung sein ließ und ganz schnell wieder zu unserer normalen Tagesordnung überging. Das war in jedem Fall das Beste, denn Struktur im Tagesrhythmus gab den Hunden und auch uns Sicherheit und damit weniger Stress.

Daher war ich auch sehr froh über die Anfrage von Chris, der den Podcast „Cryzz Storys" herausbrachte, ob wir bei einer Folge dabei sein möchten. Es sollte um unsere Geschichte und das Buch über Guess und unser Leben mit der Epilepsie gehen.

An dem vereinbarten Tag machten wir zum Warm-Up eine schöne Bank-hüpf-Runde mit ein paar Extrabänken. Und dann ging es auch schon los. Chris kam und war sofort begeistert von Guess. Wir klärten ein paar Rahmenbedingungen für den Podcast und dann startete die Aufnahme. Ich war supernervös, aber dadurch, dass Guess dabei war, verflog die Nervosität ganz schnell. Sie wuselte durch die Praxis und suchte nach übriggebliebenen Leckerchen, guckte ab und zu Chris an, ob er nicht mal bitte etwas für sie hätte. Er hatte tatsächlich im Stress am Morgen nicht daran gedacht, ihr etwas mitzubringen. Aber wir hatten genug im Haus, so dass Guess definitiv für ihre Arbeit gut entlohnt werden konnte.

Den Podcast findet ihr bei YouTube bei Cryzz Stories (in der Suche Guess eingeben)

Interview mit Anne Leena Wentscher (und Guess)

Kapitel 11

Ich hatte immer mal wieder Bauchschmerzen wegen der großen Aktionen, die unser Umbau mit sich bringen sollte. Für die Hunde bedeutete diese Zeit, immer mal über Stunden eingesperrt zu sein. Während der Renovierung des Badezimmers konnten sie im gewohnten Wohnzimmer und in der Küche bleiben, wo ich immer mal wieder nach ihnen sah. Als es dann fast zeitgleich bereits mit dem Abriss von Decke und Wandverkleidungen in der Küche und auf dem Flur los ging, mussten die drei zeitweise im Schlafzimmer wohnen. Meine größte Sorge war, dass ich etwas verpasse, sie eine Tür öffneten oder ein Handwerker vielleicht nicht die Haustür geschlossen hatte (ich lernte in dieser Zeit, dass Handwerker gerne mal die Tür geöffnet ließen).

Das Badezimmer war nach ungefähr zwölf Wochen mit viel Verzögerung fertig, unsere Küche zog mehr und mehr auf den Flur, verteilte sich später im ganzen Haus und das Kochen wurde für mich immer abenteuerlicher. Einmal mehr war ich froh, dass ich die Hunde nicht mehr barfte und lediglich wenig Platz zur Zubereitung des Futters benötigte, nämlich genauso viel für die Waage, drei Näpfe und die Futterdose.

Mittlerweile lebten die Hunde immer öfter tagsüber im Schlafzimmer, abends konnten wir uns im Wohnzimmer aufhalten, wenn die Baustelle ruhte und der Staub so gut es ging beseitigt war. Doch dann kam der Tag, an dem wir auch das Wohnzimmer räumen mussten, weil nach endlosen Debatten und Begutachtungen nun der Plan für die Entfernung von zwei Wänden stand. Was hatten mich die Monate an Nerven und

Schlaf gekostet, nun sollte es endlich weitergehen. Was allerdings bedeutete, dass wir künftig zu fünft im Schlafzimmer wohnen mussten. Für wie lange? – Das konnte uns niemand sagen, aber auf jeden Fall sollte es über die Weihnachtszeit gehen. Wie gemütlich!

Der ursprüngliche Plan, zu Weihnachten mit der gesamten Renovierung fertig zu sein, erschien mir anfangs schon mutig, im November konnte ich darüber nur noch lachen.

Kapitel 12

‚Oh du Fröhliche!' Die Adventszeit verbrachten wir ganz besinnlich mit dem Schleifen von Decken, Balken und Fachwerk. Kekse backte ich in diesem Jahr keine, auch die weihnachtliche Dekoration unseres Schlaf-, Ess- und Wohnzimmers hielt sich auf Grund der beengten Wohnverhältnisse sehr in Grenzen. Das Sofa und der Fernseher zogen dort mit ein, der Couchtisch passte auch gerade noch so herein, so dass man sich nur bei jedem dritten Vorbeigehen sich das Knie anstieß.

Abgesehen vom Badezimmer und meiner Praxis war alles ein riesiges Chaos und die künftige Wohnküche glich einem Trümmerfeld. Einzig mein Herd und der Geschirrspüler standen auf dem Gussasphalt, den wir freigelegt hatten. Die Fenster waren mit Folien abgeklebt, das Drehstromkabel vom Herd baumelte von der Decke, so dass der Herd flexibel zu verstellen war. Ich kochte bemüht in Ermangelung von fließend Wasser mit zig Behelfsmethoden und mit einer kleinen Tischleute abends bei vier Grad in Pudelmütze und Winterjacke. Glühwein war eine fantastische Erfindung, er machte die Situation erträglich. Gemütlicher als gedacht war jedoch unsere enge Wohnsituation. Wir kauften einen Miniaturweihnachtsbaum, der gerade noch so in eine Ecke passte und schmückten ihn knallig bunt. Wenn schon schräg, dann bitte auch richtig!

Als Festtafel zu den Feiertagen und auch zum Jahreswechsel hielt mein Behandlungstisch in der Praxis her, was sich auch gemütlicher erwies, als ich es mir hätte träumen lassen. Und die Hunde genossen unsere Nähe, die Kuschelzeit, die wir zusammen verbrachten. Zumindest für die drei Tage über Weihnachten kehrte etwas Ruhe ein. Dazwischen wurde grundiert, verputzt, immer wieder abgeklebt, grundiert, verputzt, geölt. Erfreulicherweise waren diese Arbeiten nicht mehr staubig und auch den Ofen konnte ich wieder auf die Baustelle bringen.

Kaum brannte er zum ersten Mal in diesem Winter, waren alle Hunde sofort zur Stelle und legten sich auf ihre Decken vor dem Ofen auf der Baustelle ab. Ich holte mir einen Liegestuhl, setzte mich mit Decke, Buch und Stirnlampe davor und genoss ebenfalls die wohlige Wärme des Feuers.

Ein frohes neues Jahr 2023! Es lagen noch spannende Ereignisse vor uns, aber ich freute mich, ein Ende der Baustelle war in Sicht.

Und die Hunde meisterten es immer noch fantastisch! Ja, auch sie waren ab und zu genervt von der Enge. Einmal gab es einen Konflikt zwischen Fräulein Smilla und Gâteau, was ihnen aber nicht zu verübeln war.

Guess hatte an ein paar Vormittagen in unser Bett gemacht, es waren Tage wo sie vier Stunden oder länger im Schlafzimmer sitzen mussten. Das Trockenfutter schlug in dieser Zeit bei ihr etwa durch, so dass wir auch nachts häufiger raus mussten. Ich stellte sie auf Nassfutter um und es geschah nicht wieder.

Kapitel 13

3. Januar 2023: Happy 12, kleiner Sonnenschein!

Guessies Geburtstag wurde natürlich trotz des Umbaus zelebriert. Ich hatte einen Folienballon mit einer 12 über unserem Bett aufgehängt, in dem sie tagsüber derzeit am liebsten schlief. Ich bastelte eine kleine Geburtstagstorte aus der großen Hundewurst und sie bekam eine neue Kuscheldecke geschenkt.

Dennoch mussten wir auch an diesem Tag ranklotzen, denn der Liefertermin für unsere neue Küche stand fest. Die Zeit schien uns etwas davonzulaufen, es war noch viel zu tun: Ausgleichsmasse musste gegossen, darauf der neue Fußboden verlegt, Fußleisten geölt und angebracht werden. Es wirkte, als ob es zeitlich sehr knapp werden würde.

Mit vereinten Kräften, wir hatten zum Glück tolle Kontakte und Hilfe, schafften wir die Fertigstellung der Räume aber pünktlich wenige Tage vor der Lieferung und dem nachfolgenden Aufbau der neuen Küche. Der Fußboden lag, ich putzte die Fenster und meine provisorische Küche aus Arbeitsplatte, Geschirrspüler und Herd stand an der Seite des Raumes, wo einmal meine Küchenzeile stehen soll.

Um die Wand dahinter, wir hatten den Putz in ganz hellem Grau gewählt, zu schützen, stellte ich einen Karton unseres Futterlieferanten um das Kochfeld des Herdes, damit keine unschönen Spritzer an der frischen Wand landeten.

Die Spüle der Futterküche hinter dem Fachwerk, die sich aus einem Planungsfehler ergeben hatte, stand bereits seit zwei Wochen. Was für eine Erleichterung, wieder fließendes Wasser in der provisorischen Küche zu haben. Die Wochen vorher lief ich mit allem in unser Badezimmer, um Gemüse abzuwaschen oder Wasser zum Kochen zu holen. Nudeln goss ich mit einem Sieb über einer Schale ab und kippte das Wasser aus dem Fenster.

Nun war es im Kochbereich zumindest endlich wieder sauber. Die Würze des Baustaubes würde mir künftig sicherlich nicht mehr in unserem Essen fehlen. An einem Abend, ich hatte gemütlich den Ofen angefeuert, auf dem Herd stand ein Topf mit Nudeln, die es mit meiner Lieblingssoße geben sollte, roch es plötzlich ganz eigenartig verschmort. Ich hatte erst den Ofen in Verdacht, aber aus dieser Richtung kam der Geruch nicht. Ich drehte mich um und erschrak ganz fürchterlich: Die Pappe des Karton-Spritzschutzes, die mittlerweile natürlich auch schon mit diversen

Fettspritzern getränkt war, war auf das heiße Kochfeld gerutscht und glühte am unteren Rand. Geistesgegenwärtig schnappte ich sie mir und rannte durch die Hintertür auf unsere Terrasse, wo sich eine Feuerschale befand. Kaum kam die Pappe mit dem Sauerstoff der kalten Winterluft in Berührung, ging sie lichterloh in hohen Flammen auf und ich konnte sie gerade noch in die Feuerschale werfen. Was für ein Schreck! Und was für eine Dummheit von mir! Fast hätte ich unsere schöne neue Wohnküche in Flammen aufgehen lassen!

Am nächsten Tag bestellte ich uns einen Feuerlöscher, mit Abonnement zum Austausch.

Bitte nicht nachmachen!

Kurz vor der Lieferung der Küche feierten wir in dem neuen großen Raum meinen 40sten Geburtstag. Die Gäste waren unsere engsten Freunde und zur Erleichterung auf Grund der Kochsituation durfte sich jeder etwas aussuchen, was wir aus einem Restaurant in der Nähe holten. Gar keine schlechte Idee, wie oft machte man sich das Leben schwer mit dem Druck, alles selbst machen zu wollen.

Guess genoss den Trubel und holte sich bei jedem Gast die ihr zustehenden Streicheleinheiten. Und sie genoss, die Zeit, die wir nun wieder mehr miteinander hatten für Kuschelzeit, für Spaziergänge und das Beisammensein der ganzen Familie, nicht nur auf engstem Raum, sondern wieder mit vielen großartigen Hundeliegeplätzen, die in den Wohnbereich einzogen.

Der Druck, der von mir an diesem Tag abfiel, machte sich auch bei den Hunden bemerkbar, denn natürlich teilten sie alle den Stress mit uns, den die Baustelle mit sich gebracht hatte. Ich machte gedanklich drei Kreuze, dass Guess die Zeit so gut überstanden hatte. Zwei Tage sollten es noch werden, die die Hunde im Schlafzimmer leben mussten, als die

Küche aufgebaut wurde, aber danach war es endgültig vorbei mit der Umsiedelung von einem Raum in den anderen.

Blick durch das Fenster im Flur in die Futterküche neben der Hauptküche, eine fantastische Idee.

Kapitel 14

Wir waren begeistert von der neuen Wohnsituation. Man wusste doch erst zu schätzen, was man hat, wenn man es nicht hatte. Alle Dinge zum Kochen an einem Ort, kein „Kilometer-Laufen" um eine Kleinigkeit zuzubereiten, eine saubere Umgebung für die Nahrungsmittel! Es war herrlich! Aber nicht nur das!

Unsere Küche bestand nun aus einer Küchenzeile mit Spüle, Geschirrspüler, Backofen und Mikrowelle im Hochschrank und einem riesigen Kühlschrank. Davor prankte nun die Kochinsel mit Kochfeld, die ich besonders liebte, denn endlich war kochen interaktiv, man war dabei und konnte in den Raum sehen, dabei die Hunde im Blick zu haben und nicht mehr nur gegen eine Wand gucken.

Die Kochinsel hatte aber auch einen ungeahnten Nutzen für Guess. Während ich in der Futterküche nebenan das Futter für die Hunde zubereitete und sie mich durch das offene Fachwerk im Blick haben konnte, rannte Guess um die Kochinsel, Runde für Runde. Ihr Rekord lag irgendwann bei über zwanzig Runden, ich hörte irgendwann auf zu zählen, sonst hätte es ja nie das langersehnte Futter für die Hunde gegeben.

Es kehrte Ruhe ein, keine Handwerker mehr, kein Baulärm, der uns viele Monate begleitet hatte. Ich hatte nun auch endlich Zeit, wieder Kekse für die Hunde zu backen, sie sollten ja auch von der neuen Küche profitieren. Und auch hatte ich wieder mehr Zeit, mich um die Ernährungspläne der Hunde zu kümmern.

In der Futterküche hatten sie eigens einen Schrank für alle Medikamente und Nahrungsergänzungsmittel: Guess sollte eine Leberkur bekommen, eine Mischung aus diversen Kräutern, die ihre Leber vor den Nebenwirkungen des Luminals schützen sollte. Gâteau bekam eine Kur für seine alten Gelenke und bei Smilla begann ich nun prophylaktisch vorzusorgen und gab ihr Grünlippmuschel und Kollagenhydrolysat.

So gingen zwei Wochen ins Land und ich freute mich, dass nun alles so reibungslos lief. Doch ich freute mich zu früh.

Kapitel 15

10. Epileptischer Anfall am 5. März 2023 um 18.49 Uhr

Dauer: ca. 2 Minuten

Auf dem abendlichen Spaziergang, Guess drehte sich erschrocken um, knurrte irgendetwas an, was sie vermeintlich von hinten angreifen wollte, drehte sich im Kreis, lief schnell vorwärts und begann zu krampfen. Kein Auslöser ersichtlich, eine Stelle wenige Minuten vorher roch besonders gut, Smilla war kurz zuvor weggelaufen und im Dunkel verschwunden, kam von hinten schnell angerannt. Vielleicht erschrocken?

271 Tage anfallsfrei.

Wir drehten an diesem Tag unsere ganz normale Abendrunde. Es war bereits dunkel und es war noch so kalt, dass Guess und Gâteau ihre dünneren Regenjacken trugen. Alle drei waren ausgestattet mit ihren Leuchthalsbändern und so gingen wir über den Berg, wie wir es jeden Abend taten. Die Tagesabläufe hielt ich für Guess möglichst gleich, mit wenigen Abweichungen.

An einer Stelle roch es auf dem Spaziergang sehr gut, Guess war kaum weiter zu bewegen. Sie wirkte auch sehr hektisch beim Schnuppern. Ich konnte sie dennoch weiterbewegen und nichts deutete darauf hin, dass sie etwas gestresst hätte. Wir kamen an die Stelle, an der ich Smilla immer von der Leine befreite. Smilla schoss wie ein kleiner pink leuchtender Blitz in die Dunkelheit. Kurz darauf war sie wieder da und dann wieder weg. Guess und Gâteau schnüffelten die Wegstrecke ab und ich genoss die kühle Luft. Zumindest war es an diesem Tag einmal trocken und nicht mehr ganz so frostig.

Wir kamen an die Stelle, an der Smilla wieder an die Leine kommen musste, weil wir uns der Straße näherten, aber sie meinte, sie bräuchte noch etwas Bewegung und flitzte begleitet von ihrem Quietschen, was andeutete, dass sie etwas in der Nase hatte (und fangen wollte) den Berg hinauf. Das pink Leuchtlicht verschwand in Richtung Wald.

Ich ging ganz langsam mit Guess und Gâteau weiter und wollte hinter der nächsten Ecke warten, denn die beiden froren mittlerweile recht schnell, wenn wir stehen blieben. Und genau an der Stelle, wo ich auf Smilla warten wollte, schoss sie an mir vorbei, panisch, dass wir sie vergessen könnten.

Und das war der Moment in dem Guess sich furchtbar erschreckte. Sie fuhr herum, als ob etwas sie von hinten angreifen wollte. Knurrte, begann sich zu drehen, schoss wieder nach vorne und der Anfall begann. Zum Glück auf einer kleinen Nebenstraße, wo so gut wie kein Verkehrsaufkommen war, außer der wenigen Anwohner.

Ich ließ Guess liegen und befestigte Fräulein Smilla und Gâteau wenige Meter weiter am Gartenzaun, ging zurück zu Guess und stellte die Stoppuhr. Von unten näherte sich eine andere Hundebesitzerin, der ich zurief, sie möge bitte umkehren. In der Panik, die in mir herrschte, traf ich wohl einen etwas unfreundlichen Ton, wofür ich mich später bei ihr entschuldigte.

Der Krampf kam mir endlos vor, ich zog die Tube Diazepam aus der Gassitasche und öffnete sie, so dass sie einsatzbereit wäre, sollten wir uns den zwei Minuten nähern. Doch kurz vor dieser Zeit wurden die Bewegungen von Guess langsamer und sie kam langsam, sehr langsam zurück zu uns.

Doch sie konnte nicht mehr stehen. Wie sollte ich so nach Hause kommen? Fräulein Smilla und Gâteau warteten ganz geduldig, und blickten beide etwas schockiert in unsere Richtung. Was für ein Glück, dass ich mein Handy eingesteckt hatte. Ich rief meinen Mann zur Hilfe, er sollte uns in wenigen Minuten an der Hauptstraße, die 30 Meter entfernt verlief, mit dem Auto abholen. So weit konnte ich Guess auch zur Not tragen. Aber sie begann zu laufen, taumelnd und desorientiert, aber auf allen vier Pfötchen und wir kamen sogar noch ein kleines Stück weiter als gedacht.

Zuhause gingen wir noch einmal in den Garten, denn Kot hatte Guess weder auf dem Spaziergang noch während des Anfalls abgetzt. Wie richtig ich lag. Und dann kam der Hunger. Eine normale Portion Feuchtfutter war schnell zubereitet und meine Mutter hatte auch noch eine Banane, von der ich ihr die Hälfte beifügte, damit der Mineralstoffhaushalt sich wieder auffüllen konnte.

Bei einem epileptischen Anfall verbrauchte das Gehirn enorm viel Energie, was den Hunger nach einem Anfall erklärte. Wichtig war es, den Hund nicht zu überfüttern, sondern eher kleine oder die normale Portion zu geben, mit etwas Nährstoffreichem ergänzt. Für uns stellte sich Banane als gute Nährstoffgrundlage heraus, aber auch, weil Guess sie gerne aß.

Nach dem Abendessen setzte ich mich hin, atmete tief durch und verarbeitete den Abend gedanklich. Einmal bereitete mir Sorgen, dass wir nun den ersten Anfall auf einem Spaziergang hatten. Die „Was-wäre-wenn"- Gedanken kamen auf und ich verscheuchte sie ganz schnell wieder. Wir hatten Glück, dass uns das an einer Stelle passiert war, wo kein Hund in Gefahr geriet und ich die Möglichkeit hatte, die anderen beiden zu sichern.

Die weiteren Gedankengänge drehten sich um das „Warum". Was war in den letzten Wochen anders? War es der abfallende Stress? Und ich konnte nur den Schluss ziehen, dass es an der Leberkur gelegen hatte. Sie wirkte scheinbar zu gut, so dass das Phenobarbital nicht ausreichend verstoffwechselt werden konnte und Guess ihren Spiegel nicht halten konnte. Denn die zwei Wochen nach der ersten Gabe waren fast auf den Tag vorbei.

Damit verwarf ich den Gedankengang, das Luminal zu reduzieren, was ich ab und zu bereits überlegte. Das war nun hinfällig: „Never change a running system!".

Was für ein Glück wir hatten, wurde mir drei Tage später bewusst. Es schneite und schneite und schneite. Wäre dies an diesem Tag der Fall gewesen, Guess hätte im Schnee gelegen. Künftig sollte bei kaltem Wetter eine Rettungsdecke Platz in meiner Gassitasche finden. Als Schutz vor Kälte oder Regen, sollte sie noch einmal unterwegs einen Anfall bekommen.

Nichtsdestotrotz hatte ich in den kommenden Tagen ein flaues Gefühl im Bauch, wenn ich alleine mit den drei Hunden spazieren ging. Immer wenn ich dachte, dass in der einen oder anderen Situation nichts passieren, so konnte es doch. Ich hatte die ganze Zeit gedacht, dass wir auf den Spaziergängen „sicher" wären, denn bisher hatten alle Anfälle zuhause stattgefunden, meist aus der Ruhe heraus und niemals, wenn wir unterwegs waren. Aber was war schon „sicher" mit dieser unberechenbaren Krankheit?!

Kapitel 16

Je mehr Zeit nach dem letzten Anfall verging, desto sicherer wurde ich wieder. Wir gingen wieder auch größere und abgelegenere Runden, aber niemals ohne das Handy in der Tasche. Und wieder kehrte die Ruhe ein, die ich so sehr genoss. Allen Hunden ging es gut, sogar unserem Senior, der alle Runden noch so tapfer mitlief. Ein Schmerzmittel hatte er noch nie in seinem Leben gesehen, geschweige denn nehmen müssen. Wir kamen hervorragend mit den Kuren seiner Gelenkkräuter zurecht. Im Frühjahr und im Herbst bekam er sie, denn da machten wir auch die größten Touren gemeinsam.

Einen Monat später trauten wir uns sogar zum Osterfest in eine nahgelegene Hundeschule, wo wir an einer Spaßrallye teilnahmen und Guess mit großer Begeisterung die Agilitygeräte nutzte. Ich wusste gar nicht, was für eine Freude ihr so etwas bereitete und ich genoss den Tag mit ihr. Einen etwas bösen Blick ernteten wir jedoch, als ich mit meinem Kuchen auf einer Bank mit Kissen saß und Guess sich ganz selbstverständlich auch mit auf diese setzte. Wir beschlossen, dass wir zuhause doch ganz gut aufgehoben waren, wo wir sein durften, wie wir sind und wir fuhren wieder.

Im Frühsommer verbrachten wir einen wunderschönen Urlaub – wo wohl? – in Laboe. Viel Zeit verbrachten wir am Hundestrand, aßen Eis und genossen viel Ruhe. Guess liebte es, über die großen Steine am Strand zu klettern. Und sogar Gâteau, der eigentlich kein Freund von Wasser war, marschierte durch das Meer, bis zu den Ellenbogen im Wasser und machte dabei am Wasser entlang, manchmal sogar bis zu den Ellenbogen im Wasser seine Kneippkur. Besonders schön waren die Sonnenuntergänge am Strand.

Kapitel 17

Unsere liebste Gassirunde zuhause, die wir auch häufiger in meinen Mittagspausen gingen, führte uns durch einen wunderschönen Buchenwald, meinen Kraftort. Auch bei Sommerwärme spendete der Wald ein angenehmes Klima, deshalb verschlug es uns an heißen Tagen auch gerne in den frühen Morgenstunden dorthin, wenn die Morgensonne ganz sanft durch das grüne Dach des Waldes glitzerte, die Schatten noch lang waren und wir die kühle Luft genossen, bevor sie am Tag zu drückend wurde. Ich konnte dort wunderbar auftanken. Die Hunde hatten viel zu schnüffeln und ein paar Bänke, die bereits bestens bekannt waren, gab es dort natürlich für Guess. Sie nahm immer schon einige Meter vorab Anlauf, um dann ganz geschickt auf die Bank zu fliegen. Man hätte in den Momenten meinen können, sie sei erst zwei Jahre jung.

Fräulein Smilla fand dort immer frisches Gras als Zwischenmahlzeit, manchmal standen alle drei an einer Stelle und grasten. Für mich die Zeit, mir den Wald anzuschauen, den Geräuschen zu lauschen, die Luft bewusst einzuatmen und allen Ballast bei der Ausatmung loszulassen.

Dieser Sommer, es war das Jahr 2023, war von den Temperaturen her moderat, heiße Tage waren eher selten, aber das hielt uns natürlich nicht von den großartigen Ausflügen ab. Motiviert waren wir besonders durch eine Challenge Anfang August, wo wir innerhalb von drei Tagen 18 Kilometer zurücklegen sollten, eine virtuelle Wanderung zum Brocken. Eine Online-Challenge, wie es sie seit Corona vermehrt gab. Wir absolvierten sie mir links. Es wurden sogar weit über 20 Kilometer, die alle drei Hunde mit mir genossen. Als Belohnung kam einige Wochen später ein Paket mit Halstüchern, die bedruckt mit den Namen der Hunde waren, und Medaillen für uns alle.

Kapitel 18

Die Zeit rannte. Schon war der Herbst da. Scheinbar von heute auf morgen wurden die Blätter gelb, die Morgendämmerung ließ immer mehr auf sich warten und die Abende wurden kürzer. Brennholz für den Ofen war bestellt, der allen hier im Haus sehr wichtig war, wenn die Tage und insbesondere die Abende kühler wurden. Unsere Wohnküche war zum Lebensmittelpunkt des Hauses geworden und ich war so glücklich über den fertigen Umbau. Sogar beim Kochen und Backen konnte ich das Feuer flackern sehen, in seinem Schein die schlafenden Hunde. Friedliche Momente, die sich in mein Herz brannten, so wie das Feuer im Ofen. Viel glücklicher konnte ein Mensch nicht sein als ich in diesen Momenten. Trotz viel Arbeit und den kürzeren Tagen, war mein Leben so erfüllt, dass ich es zeitweise gar nicht glauben konnte.

Gekrönt war der Herbst von unserem zweiten Urlaub in diesem Jahr im von uns so geliebten Laboe. Da hier unsere Abläufe immer gleich waren, bekommt ihr, hochverehrte Leserschaft, an dieser Stelle nur einen kurzen Abriss davon.

In Laboe angekommen, ging es wie immer erst einmal durch den Kurpark, damit sich alle Hunde lösen konnten, bevor wir das Gepäck in der Ferienwohnung auspackten und uns einrichteten. Danach wurden Kleinigkeiten eingekauft, ein Softeis an der Promenade gegessen, ein Spaziergang zum Strand gemacht und zum Abschluss des Anreisetages etwas Schönes zum Essen vom Griechen geholt, der fußläufig nur wenige Meter entfernt war, wie so ziemlich alles Wichtige, was wir so brauchten, um glücklich zu sein.

Markttage waren in Laboe am Dienstag und am Donnerstag und was uns besonders erfreute, es waren Hunde beim Einkaufen erlaubt. Das war bei jedem der beiden Besuche des Marktes ein Highlight für sie. Am Obst- und Gemüsestand gab es sogar ein Leckerli für braves Warten, wobei das „brav" so eine Sache war. Fräulein Smilla sprang am Stand hoch und begutachtete die feinen Sachen, die sie auch so gerne mochte, Guess versuchte es ihr nachzumachen, kam aber nicht so hoch. Gâteau war eher teilnahmslos, bis zu dem Moment, als es das Leckerli von der lieben Verkäuferin gab. Die erworbenen Köstlichkeiten teilten wir – zumindest was die für Hunde bekömmlichen Lebensmittel betraf – in der Ferienwohnung zum Mittagessen.

Der Tagesablauf war immer gleich. Nach dem Aufstehen gab es einen schnellen Kaffee, dann einen Spaziergang durch den Kurpark mit Abstecher zum Bäcker zum Brötchen kaufen gefolgt von einem ausgiebigen Frühstück. Nach Tablettengabe und einer kurzen Wartezeit gingen wir zum Hundestrand, meine Mutter mit Gâteau in seinem Tempo hinter uns her, wir mit den Mädels schnell vorweg, denn den Weg kannten sie mittlerweile gut. Wir blieben immer einige Zeit am Hundestrand, unterhielten uns, die Hunde spielten mal mehr oder weniger mit Ball oder mit anderen Hunden und dann ging es wieder in die Ferienwohnung zurück. Ich legte mich, nachdem die Hunde gefüttert waren, ins Bett und las, machte ein Nickerchen und nachmittags ging es wieder durch den Park. Wir bummelten über die Promenade, gingen etwas shoppen oder in eine Kunstausstellung, einmal natürlich zum Stand-Up-Paddling in die Surfschule.

Das Meer war ruhig, wie ein glatter Spiegel, als wir zur Surfschule gingen. Dort verbrachte ich allerdings gefühlt zwei Stunden zum Anziehen des Wetsuits, um dann festzustellen, dass ich ihn falschherum angezogen hatte. Die Prozedur rückwärts war noch schwieriger als vorwärts, ich, durchgeschwitzt, versuchte wieder den Anzug anzuziehen. Was dann aber noch schwieriger war, war das mittlerweile unruhige Meer. Der Wind hatte so zugenommen, dass wir kaum mit den Boards zum Strand gehen konnten. An ein Stehen auf dem Board war nicht zu denken, zumindest für mich. Meine Laune war ziemlich im Keller nach diesem Ausflug, was mir im Nachhinein sehr leid tat, denn schließlich konnte niemand etwas dafür.

Schöner war der Nachmittag auf dem Minigolfplatz neben dem Kurpark. Ich hatte seit Ewigkeiten nicht gespielt und dafür war ich gar nicht schlecht. Trotzdem verlor ich haushoch gegen meinen Mann, was aber nicht schlimm war bei dem ganzen Spaß, den wir gemeinsam hatten.

Und genau in diesen Momenten, wurde mir wieder einmal bewusst, wie wichtig diese kleinen Auszeiten sind, so sehr ich die Hunde auch liebte. Die Krankheit von Guess war immer da, zumindest gedanklich zu den Tablettengaben, wenn der Handywecker klingelte und um diese Zeitpunkte sich der Tagesablauf drehte, Tag für Tag.

Auszeiten und kleine Ausflüge sollten von nun an auch im Alltag einziehen, ich hoffte auf die Umsetzung dieser und so fuhren wir wieder nach Hause mit vielen Plänen im Kopf.

Kapitel 19

Reformationstag. Oder wie es neu eher heißt: Halloween. Ich bin da eher noch altmodisch, aber verkleiden wollten wir uns am heutigen Tag trotzdem, denn unsere neuen Nachbarn hatten uns zur Party eingeladen.

Ich stand recht früh am Morgen auf und ging in die Küche. Guess kam wie immer ganz fröhlich angesprungen, denn direkt nach dem Aufstehen gab es eine kleine Hand voll Trockenfutter für sie, damit sie nicht unterzuckerte. Sie mampfte genüsslich und ich schaute ihr dabei amüsiert zu.

Da stimmte etwas nicht! Guess` Gesicht sah ganz schief aus. Die rechte Wange war unterhalb des Auges völlig aufgedunsen und mir wurde ganz elend zu Mute. Gemeinsam mit meinem Mann schaute ich in ihr Schnütchen, konnte aber nichts sehen. So wuchs in mir die Hoffnung, dass sie vielleicht „nur" gegen etwas gegen gelaufen war und so die Schwellung entstanden ist. Es ging Guess auch gut, sie futterte und sprang auf ihre Bänke wie gewohnt, so dass ist beschloss nicht zum Notdienst mit ihr zu fahren, sondern am nächsten Morgen schauen wollte, wie es ihr geht, um gegebenenfalls unsere Tierärztin anzurufen. Ich gab Guess Traumeel und hoffte, dass dies ausreichen würde.

Weit gefehlt, wie ich am nächsten Morgen feststellen musste. Natürlich konnten wir gleich zu Beginn der Sprechstunde bei unserer Tierärztin vorbeikommen. Im Wartezimmer saß bereits eine kleine Französische Bulldogge mit ihrem Frauchen, zitternd hinter ihren Beinen versteckt. Guess guckte von der linken Seite, dann von der rechten Seite ganz fragend, was die Hündin denn dort zurückhielt und ob sie denn nicht mal herauskommen wollte. Vergeblich, die Französische Bulldogge war so aufgeregt, dass sie keine Notiz von Guess nahm. Dann betrat eine Katzenbesitzerin das Wartezimmer. Eine gänzlich aufgelöste Samtpfote jaulte furchtbar in ihrer Transportbox. Erst hatte ich Sorge, dass Guess jetzt völlig ausflippte, aber sie blieb ruhig. Scheinbar wusste sie, dass an den „Feind" kein Herankommen war, solange sich dieser in einer Kiste befand. Sehr interessant für sie wurde dann zu guter Letzt ein ganz junger Herdenschutzhund, der noch ganz typisch für sein Alter ins Wartezimmer tapste und noch keinerlei Angst vor der Tierarztpraxis zu haben schien. Der Plüschball setzte sich mit seiner Besitzerin rechts neben uns und ließ sich bereitwillig von Guess ab schnüffeln. Natürlich hatte ich vorher gefragt, ob sie das darf oder ob er etwas Ansteckendes hätte. Zu dem Thema hatte ich mich ja bereits geäußert.

Nun waren wir endlich an der Reihe. Ich hob Guess auf den Tisch und die Tierärztin guckte kurz in den Fang (ich war erstaunt, wie bereitwillig Guess dies beim Arzt über sich ergehen ließ) stellte fest, dass der Backenzahn – in der Anatomie „der P4" genannt - schon seit längerer Zeit abgebrochen sein musste und so sich nun auf Grund dessen die Zahnwurzel entzündet hatte. Der Zahn musste raus, aber erst nachdem die Entzündung abgeklungen war. Vorab sollte auf jeden Fall ein großes Blutbild erfolgen, weil Guess auf Grund ihres Alters, wegen ihrer Erkrankung und - nicht unerheblich – rassebedingt nicht einfach ohne Vorbereitung in Narkose gelegt werden sollte. Basenjis gehörten zu den Windhunden, die nicht jede Narkoseform vertrugen.

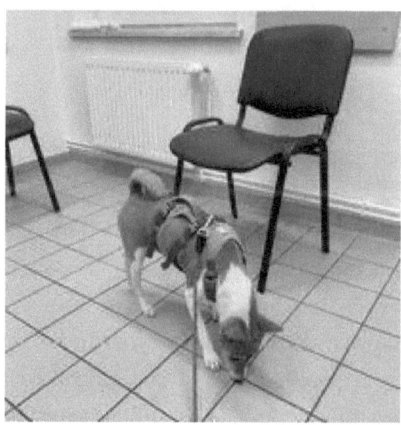

Guess im Wartezimmer unserer Tierärztin zur Voruntersuchung für die Zahn-OP

Für den jetzt eingetretenen „Worstcase" hatte ich ausgedruckt einen Zettel mit den Namen der Narkosemittel, die für den Einsatz beim Basenji möglich waren, dabei. Wir besprachen den Ablauf der Operation, vereinbarten alle notwendigen Termine und so ging es zurück nach Hause, mit Tabletten für zehn Tage Antibiotikum und für den Fall der Fälle Schmerzmittel im Gepäck. Und dem mulmigen Gefühl, das der Gedanke an eine Narkose bei Guess in mir auslöste.

Eine Woche später hatten wir den ersten Termin zur Blutentnahme. Guess marschierte wieder ganz fröhlich in die Praxis, wie sie es jedes Mal tat, guckte sich interessiert um. Dieses Mal war der Wartebereich voll mit Kunden von mir, so dass die Wartezeit wie im Flug verging. Ein liebes ‚Hallo' und ein kurzes Gespräch mit jedem und schon waren wir an der Reihe. Die Tierärztin stellte fest, dass Guess ganz winzige Venen hatte, die sie suchen musste. Ich lenkte Guess mit der Tube Leberwurst ab, die ich zum Glück für die Tablettengabe um 9 Uhr 30 eingepackt hatte. Guess hielt ich ganz fest an mich gedrückt. Zwei Minuten später war genug Blut in den Röhrchen, Guess bekam ihren Tapferkeitsverband und wir konnten schon wieder nach Hause. Zuhause entfernte ich schnell den Verband, bevor sie ihn aufessen konnte. Zwei Tage später sollten die Ergebnisse der Blutabnahme da sein und ich erkundigte mich telefonisch nach dem Befund. War alles in Ordnung und konnte die Operation stattfinden?

Einerseits war ich erleichtert, dass Guess` Blutwerte in Ordnung waren, obwohl sie eine so hohe Dosierung des Luminals jeden Tag zu sich nahm. Dennoch hatte ich große Angst vor der Narkose. Aber wie hieß es so schön: „Es nützt ja nichts.", da mussten wir durch. Guess mit der Entzündung leben zu lassen, war keine Option. Dennoch packte ich in die Tage vor der Operation alle möglichen schönen Erlebnisse für Guess. Wir gingen alle unsere Lieblingsrunden und es gab ihr Lieblingsfutter, auch mal ein Leckerli mehr und ganz viele Kuscheleinheiten. Denn falls ihr etwas zustoßen sollte, wollte ich, dass sie vorher ganz wunderschöne Tage haben sollte.

Kapitel 20

Am 10. November 2023 feierten wir 250 anfallsfreie Tage. Ich hoffte so sehr, dass sich unser guter Lauf auch nicht durch die Narkose änderte. Ich versuchte meine Anspannung auf Grund unseres Termines vier Tage später nicht zu sehr zu zeigen, mich immer wieder zu erden, damit die Aufregung sich nicht auf Guess übertrug.

Am Abend vor der Operation war mir dies kaum noch möglich. Eine liebe Kollegin sah ein Video von Guess und wies mich darauf hin, dass Guess meine Angst spürte und ich ihr erklären sollte, warum es mir gerade so ging und ich ihr sagen sollte, dass ich Angst um sie hatte. Sie war gerade fertig mit ihrer Ausbildung zur Tierkommunikatorin und hatte sehr feine Antennen, was die seelische Beziehung zu Hunden betrifft. So setzte ich mich auf ihren Rat zu Guess und begann mit Guess zu reden:

„Guessie, ich habe furchtbare Angst vor morgen. Dir wird morgen ein Zahn gezogen und dafür musst du ein wenig schlafen. Das ist nicht ungefährlich, aber ein Routineeingriff und die Tierärztin hat ein tolles Gerät, welches dafür sorgt, dass du auch wieder aufwachst. Ich möchte nicht, dass meine Angst sich auf dich überträgt und du mehr Stress hast, als es nötig wäre. Ich liebe dich so sehr, dass die Angst wahrscheinlich etwas überhandnimmt und nicht rational ist. Es wird alles gut! Ich bin bei dir und morgen um diese Zeit lache ich darüber. Versprochen!"

Guess` Antwort darauf: „Mach dich mal locker!"

Wir sollten um 7 Uhr zur Operation bei unserer Tierärztin sein. Meine Nacht war schlecht. Immer wieder war ich wach, hatte Angst zu verschlafen, das Gedankenkarussel weckte mich immer wieder. Dann schlief ich. Und dann war die Nacht vorbei. Um 5.30 Uhr stand ich auf. Wie in Trance ging ich zur Kaffeemaschine, machte mir einen Kaffee, packte alle Sachen für Guess zusammen und trank noch einen Kaffee.

Um 6.15 Uhr starteten wir – viel zu früh – zur Tierarztpraxis. Meine Mutter war so lieb und brachte uns dorthin. Ich fuhr nicht gerne Auto und zu solchen Terminen schon gar nicht.

Wir mussten noch etwas vor der Tür warten. Durch die Glastür sahen wir die fünf Hunde der Tierärztin durch die Praxis springen. Wie ich später erfuhr, das dortige Morgenritual, bevor die Patienten kamen. Mir zitterten die Knie, es war kalt, es war noch dunkel und mein Nervenkostüm war deutlich angekratzt, vermutlich noch mehr auf Grund des fehlenden Schlafs. Ein Hund unserer Ärztin entdeckte uns vor der Tür, kam zum Gucken und Guess wollte zu gerne herein. Golden Retriever mochte sie sehr und dass jetzt eine Glasscheibe zwischen ihr und dem Hund war, erfreute sie nicht so sehr. Fünf Minuten später durften wir eintreten und dann ging alles ganz schnell, so, wie es die Tierärztin prophezeit hatte. Nachdem Guess den Zugang gelegt bekommen hatte und das Narkosemittel injiziert wurde, pulsierte das Mittel in ihren Adern und Guess sackte auf dem Tisch zusammen. Der Helfer nahm sie ganz vorsichtig auf den Arm und trug sie fort, ich konnte gerade noch ihre Decke und ihren Pyjama aus dem Rucksack holen. Ich bat ihn, Guess zum Aufwachen bitte anzuziehen und gut warm zu halten. Dann ging ich hinaus.

Mein Plan war, schnell nach Hause zu fahren, mit Fräulein Smilla und Gâteau eine kleine Runde zu gehen, den Ofen anzumachen und dann wieder schnell zur Praxis zu düsen, um Guess pünktlich zum Aufwachen Gesellschaft zu leisten. Bis zum letzten Teil funktionierte das auch. Aber Guess war um viertel vor 9, als ich in der Praxis eintraf, schon quietschfidel, stand an der Tür und wollte gern wieder gehen, richtig gut in ihren Pyjama eingemummelt. Auf den Beinen war Guess sehr schnell, wie der Tierarzthelfer uns mitteilte. Mir fielen tausend Steine vom Herzen und mit Schmerzmittel und Antibiotikum im Gepäck fuhren wir nach Hause, wo ich mich mehr ausruhen musste als Guess. Die kleine Motte war nämlich erstmal nur damit beschäftigt, die Wohnung nach Essbarem abzusuchen. Wie konnte man es ihr auch antun, das Frühstück ausfallen zu lassen?!

Guess fand keine Ruhe. Sie sprang auf das Sofa, um dann gleich wieder hinunterzuspringen. Eine Runde um die Kochinsel, dann noch eine. Wieder musste ich meine Kollegin um Rat bitten, denn so einen aktiven Hund nach einer Narkose hatte ich noch nie. Basenji sind in so vielen Dingen einfach anders. ‚Besonders'. Ihr Rat war, etwas Schonkost mit lauwarmem Wasser zu pürieren, damit der Magen ein wenig gefüllt wird. Die Brühe sollte außerdem gleichzeitig den Flüssigkeitshaushalt etwas auffüllen. Gesagt, getan: Nassfutter und lauwarmes Wasser kamen in den Mixer und dann anschließend in den Napf. Guess stürzte sich darauf, schlabberte alles weg und marschierte dann in das kuschelige Hundebett und schlief. Der Ofen brannte, machte das Wohnzimmer wohlig warm. Ich kochte mir einen Tee und legte mich im Kreis der drei Hundekinder auf das Sofa und machte ebenfalls ein Nickerchen.

Kapitel 21

Was ich nicht erwartet hatte, war, dass Guess durch meine Abwesenheit, während des Aufwachens aus der Narkose, eine kleine Verlustangst entwickelt hatte. Mehr noch als üblich trappelte sie hinter mir her. Wenn sie mich nicht sah, kam sie mich suchen. Manchmal schreckte sie aus dem Schlaf auf und ihre Blicke suchten mich.

Sie bekam jetzt viel Nähe und Zuwendung. Viel Achtsamkeit legte ich darauf, dass sie immer wusste, wo ich mich befand. Wenn ich den Raum verließ, sagte ich ihr Bescheid, nahm sie mit oder ließ alle Türen geöffnet, damit sie nach mir schauen konnte. Ausnahme war meine Arbeitszeit, aber der Ablauf war ihr mittlerweile so bekannt, dass sie keine Stresssymptome zeigte.

Wenn ich duschen ging, stellte ich einen Türstopper in die Tür, damit sie auch das Badezimmer aufsuchen konnte. Nachts hatten wir ohnehin seit dem Umbau alle Türen geöffnet und die Flure wurden mit Nachtlicht und Licht mit Bewegungssensor versehen. Das gab Guess und auch unserem Gâteau, der im Dunkeln nicht mehr so gut sehen konnte, Orientierungssicherheit.

Im Laufe der Wochen wurde ihre Angst weniger, alles brauchte seine Zeit. Mein schlechtes Gewissen, nicht dortgeblieben zu sein, um sie beim Aufwachen nicht begleitet zu haben, verging nur ganz langsam. Ich tröstete mich mit dem Gedanken, dass Guess heil und wohlauf nach Hause gekommen war, sie kein Gewitter, wie ich die Anfälle gerne nannte, durch die Narkose ereilt hatte und dass ich ja auch noch die Verantwortung für zwei weitere Hunde zu tragen hatte.

Kapitel 22

Wir starteten in die Adventszeit, ganz gemütlich. Ich nahm mir Auszeiten zum Putzen und Dekorieren, bastelte Adventskalender für meinen Mann und für die Hunde. Alles erstrahlte und leuchtete, als ich nach zwei Wochen fertig war. Das Fachwerk war mit Lichterketten dekoriert und die Adventskalender hingen an den Balken an der Decke. Ich genoss die Zeit, ohne Aufregung und mit viel Tee und selbstgebackenen Keksen für uns und natürlich auch für die Hunde. Weihnachten konnte kommen: mit drei gesunden Hunden und einer sehr langen anfallsfreien Zeit. Wir hatten 8 Monate Ruhe und ich fühlte, dass es auch noch eine lange Zeit so bleiben sollte. Weihnachten verbrachten wir gemütlich als Familie und am 30. Dezember feierte ich still mit Guess 300 anfallsfreie Tage.

An Silvester war ein guter Freund aus der Nachbarschaft zu Besuch. Wir machten Raclette und die Hunde fanden es spektakulär. Zum einen, weil ein Lieblingsgast da war und ihnen auch Leckerli mitgebracht hatte; und zum anderen, weil es auch Cocktailwürstchen an dem Abend gab.

Meine Wut über die Menschen, die uns und allen anderen Tieren mit Ihrem Lärm und der Umweltverschmutzung den Silvesterabend jedes Jahr auf`s Neue vermiesten, verflog durch die liebe Gesellschaft. Am Nachmittag war ich noch mit unserer jüngsten Hündin laufen, um Stress abzubauen, bei uns beiden. Jeder Knall, den wir im Wald aus der Ferne hörten, ließ bei Smilla den Turbo anspringen, meine Füße kamen fast nicht hinterher.

Gâteau hörte die Knallerei nicht mehr. Am Abend bekamen die Mädels von mir ein Mittel auf Pheromonbasis. Zudem steckte ein Stecker mit diesem Wirkstoff in der Steckdose. Der fade Beigeschmack, dass mich dieses „Vergnügen" jedes Jahr das Gleiche kostete, was andere für den Krach ausgaben, blieb allerdings auch noch einige Tage im neuen Jahr. Das, was auch noch ein paar Tage blieb, war der Muskelkater unseres Silvesterlaufes.

„Frohes neues Jahr, möge es für alle Menschen und Tiere in meinem Umfeld ein gutes und gesundes Jahr werden.", dachte ich mir. Froh und optimistisch starteten wir in den Januar.

Kapitel 23

Das Jahr begann so ruhig, so, wie es geendet hatte. Am 3. Januar feierten wir Guess` Geburtstag. Dreizehn Jahre wurde sie und ich war so glücklich, dass wir auch diesen Tag erleben durften.

Guess bekam natürlich eine Fleischtorte, außerdem eine Dinowurst, die wir jetzt neu im Geburtstagsprogramm hatten. Die Geburtstagswurst von Reico rundete das Festmahl für Guess ab.

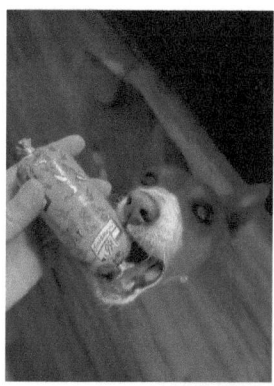 

Sie bekam wieder eine Kuscheldecke von mir geschenkt, wir machten eine schöne Geburtstagsrunde, dick eingemummelt Guess im neuen Wintermantel mit kleinen Füchsen. Nachmittags durfte Guess in das Unterwasserlaufband mit allerlei Leckereien und abends schlief sie selig eingekuschelt in der Decke, ebenfalls mit kleinen Füchsen, neben dem Tannenbaum.

Es wurde sehr kalt, so dass wir einige Tage nicht auf die Straße gehen konnten. Das Streusalz und die Kälte waren für die Pfötchen eine absolute Katastrophe und nach wenigen Metern begannen alle zu humpeln, hoben die Pfoten, wollten nicht weiter gehen und möglichst schnell wieder nach Hause, so dass wir unsere Ausflüge auf den Garten beschränkten, der zwar auch kalt war, aber natürlich nicht gestreut. Die Hunde meisterten diese Tage mit Bravour. Wir gingen mehrfach täglich vor die Tür und genossen danach die wohlige Wärme des Ofens, wenn wir wieder im Wohnzimmer waren. Mehr als einige Minuten blieb keiner der Hunde in der Kälte, an drei Tagen harrten wir so der Dinge.

Der Februar startete mit etwas milderem Wetter, ich gönnte mir Frühlingsblumen für die Küche, an meinem Geburtstag bekam ich ebenfalls viele geschenkt. Die Kochinsel und der Küchentisch wirkten wie kleine Gärten im Frühjahr. Draußen wurde es immer angenehmer und wir gingen auch endlich wieder im Oberharz spazieren. Was Ende Februar folgte, war für uns alle nicht denkbar. Unser alter Rüde wurde krank. Das nächste Kapitel hat nichts mit Epilepsie zu tun, ist mir aber eine Herzensangelegenheit, denn in den letzten Monaten wurden viele Hunde aus unserem Bekanntenkreis eingeschläfert, obwohl - uns das zerriss mir mein Herz – die Krankheit heilbar ist. Ich muss dazu etwas ausholen, damit die Zusammenhänge in Gâteau`s Krankheitsgerschichte verständlich sind.

Kapitel 24

Wir waren in Buntenbock, einem unserer Lieblingsorte spazieren. Guess war völlig übermütig, sie bekam gerade eine Kur mit Gelenkkräutern. Gâteau war lustig und freute sich auch, nach der Autofahrt über die Abwechslung im Tagesablauf. Die drei Kilometer flogen wir fast über die Wiesen, an den nicht mehr ganz so üppigen Wäldern und an den wunderschönen Teichen vorbei. Ich war selig, dass alle Hunde so gut drauf waren und genoss den Vormittag.

Am Tag darauf, auf dem Abendspaziergang, sagte mein Mann, ich solle nicht hingucken. Aber natürlich schaute ich hin. Gâteau taumelte, wie betrunken, einige Meter hinter ihm den Berg hinauf. Im Gesicht sah man ihm an, dass es ihm nicht gut ging. Den Spaziergang schaffte er aber! Wieder zuhause angekommen futterte er auch seine normale Portion. „Abwarten.", dachte ich. Am Tag darauf war er etwas lethargisch, den Tag darauf wieder gut drauf und ging mit uns sogar die große Runde, die wir sonntags immer gingen. Einen Tag später musste er nachts raus. Ich stand auf, ließ ihn auf die Terrasse, ließ ihn wieder rein und er stand im Flur und lief aus. Eine riesige Pfütze unter ihm und seine Öhrchen hingen. Er hatte draußen nicht gemacht.

Den Tag darauf war er soweit wieder in Ordnung. Ich tippte auf einen Anflug von Demenz, denn er wurde ja bald 16 Jahre alt.

Zwei Tage später hatte seine jüngere, große Schwester „Fräulein Smilla" Geburtstag. Zur Feier des Tages gab es Fleischtorte für Smilla und ihre beiden Freunde. Dick eingemummelt machten wir eine große Runde in flottem Tempo durch den Wald. Fast fünf Kilometer legten wir zurück. Gâteau hatte Freude, er lief, die Öhrchen flogen und zu Hause legte er sich vor den warmen Ofen und ruhte sich aus. Die Ruhe vor dem Sturm: Am Abend konnte er sich kaum noch auf den Beinen halten, rutschte über den Boden, torkelte und lief direkt neben mir in der Küche aus ohne etwas davon zu bemerken. Ich machte mir schreckliche Vorwürfe wegen der Waldrunde. Ich war in großer Sorge um ihn, , denn ich konnte mir keinen Reim aus den wechselnd guten und den schlechten Tagen machen. Was mochte hinter den Symptomen stecken? Einen Arzt wollte ich mit ihm in dem Zustand nicht aufsuchen, denn mit dieser wechselhaften Symptomatik hätte er viele Untersuchungen über sich ergehen lassen müssen, damit wir eine Diagnose bekommen hätten. Also warteten wir weiter ab, was die nächsten Tage bringen sollten.

Zwei Tage später dachte ich, Gâteau würde uns verlassen. Meine Mutter ging morgens mit ihm und brach den Spaziergang nach 50 Metern ab, weil Gâteau erbrechen musste. Zuhause lag er platt auf dem Teppich unter dem Couchtisch, wirkte teilnahmslos und ganz weit weg. So konnte ich ihn nicht bei den anderen Hunden lassen, denn Smilla kam mit seinem Zustand überhaupt nicht zurecht. Ein paar Abende vorher war er aus seinem Bettchen aufgestanden, getaumelt und hingefallen. Fräulein Smilla ging sofort auf ihn los.

So entschied ich mich, ihm sein Bett ins Schlafzimmer zu stellen, den Raum etwas abzudunkeln und ihn den Tag über dort in Ruhe zu lassen. Ich deckte ihn zu und guckte immer nach ihm. Sein Atem war ganz ruhig und flach, er schien zwischen den Welten zu sein. Ich wartete den ganzen Tag auf seinen letzten Atemzug. Schmerzen schien er nicht zu haben und so sagte ich zu meinem Mann: „Ich lasse ihn nicht einschläfern!"

Meine Kunden fragten nach ihm. Ich brach so oft in Tränen aus. Gâteau war an diesem Tag noch einmal auf der Terrasse, als ob er sich verabschieden wollte. Noch einmal die Nase in die Sonne halten und sich dann zur Ruhe legen. Doch am nächsten Tag war er wieder auf den Pfötchen.

Wir gingen ein paar Meter die Straße hoch und wieder musste er sich übergeben. Da ich ja beruflich mit kranken Hunden arbeite, schlich sich bei mir eine leise Vermutung ein. Ich atmete tief durch und meine Angst wurde weniger. Zuhause angekommen sagte ich zu meinem Mann: „Gâteau wird wieder.".

Am Sonntag änderten wir unsere Runde und damit Gâteau uns begleiten konnte, bereitete ich seinen Fahrradanhänger vor, den man auch schieben konnte. Bereits nach wenigen Metern versagten seine Beinchen und wir setzten ihn in den Anhänger, damit er die Zeitung im Unterdorf schnuppern konnte. Aber auch das bereitete ihm wenig Freude, so wie mir die Sprüche, die wir unterwegs zu hören bekamen: Warum er nicht eingeschläfert würde, oder ob er von alleine sterben solle. Mir war das zuviel, hier wurde nicht gestorben, weder so noch so. Nicht jetzt!

Im Nachhinein bereute ich, den Ausflug im Wagen mit ihm gemacht zu haben, denn zwei Tage später lag Gâteau flach auf dem Bauch im Wohnzimmer, die Augen gingen hektisch hin und her. Jetzt war es mir zu einhundert Prozent klar: Er hatte das vestibuläre Syndrom.

Der Nystagmus, wie das Augenflackern genannt wird, war ein Zeichen dafür, dass er sofort an den Tropf gelegt werden musste, ein durchblutungsförderndes Medikament brauchte und etwas gegen Übelkeit und zur Beruhigung benötigte. Er hatte Angst, das sah man ihm an.

Unsere Tierärztin war in der Mittagspause, so dass ich entschied, die Tierklinik mit ihm aufzusuchen. Was eine richtig schlechte Idee war, ich erspare hier die Einzelheiten, aber er wurde dort absolut falsch behandelt, für den Tropf sollte er drei Tage stationär aufgenommen werden, und würde ich verschiedene Behandlungen nicht durchführen lassen, dann würde er sterben. Zudem hätte er ja schlechte Zähne und Zubildungen an den Augen, ich hätte ihn quasi verwahrlosen lassen. Um vieles ärmer, geschockt und traurig nahm ich ihn natürlich wieder mit nach Hause, vereinbarte für den folgenden Tag einen Termin bei unserer Tierärztin, die mich weinend für fast eine Stunde ertrug und mich beruhigte, dass man natürlich Verschiedenes behandeln könnte, Gâteau aber mit der Zeit und mit Geduld wieder gesund werden würde. Sollte der Nystagmus noch einmal auftreten, könnte er ambulant mit mir an seiner

Seite bei ihr eine Infusion bekommen, erstmal war aber nur absolute Ruhe indiziert.

Natürlich kam der Nystagmus am Nachmittag zurück, als die Praxis geschlossen war. Ich entschied mich für CBD Öl und ihm Ruhe zu gönnen, eine gute Idee, denn am nächsten Tag war wieder alles gut. Ihm ging es von Tag zu Tag besser. Einen Monat später feierten wir seinen 16. Geburtstag. Er war nicht ganz der Alte, aber er war wieder auf den Beinen, ging alle Spaziergänge mit uns und futterte wie ein Scheunendrescher. Die Augen hatten nachgelassen und die Demenz einen Schub gemacht, was aber für einen 16 Jahre alten Hund ein völlig normaler Prozess ist.

Das Vestibularsyndrom ist eine Durchblutungsstörung im Innenohr. Kein Schlaganfall! Viel zu viele Hunde werden, weil oft der Verlauf von heute auf morgen sehr dramatisch ist, viel zu früh eingeschläfert. Im Fall von nur dem geringsten Zweifel rate ich dringendst dazu, eine zweite Meinung einzuholen, bevor eine Entscheidung getroffen wird, die nicht mehr rückgängig zu machen ist. Das Vestibularsyndrom ist heilbar, behandelbar und man kann der Krankheit mit Medikamenten vorbeugen.

Kapitel 25

11. Epileptischer Anfall am 29. März 2024 um 19.07 Uhr

Dauer: ca. 3 Minuten

Wir kamen von unserem Abendspaziergang nach Hause und ich bereitete in der Futterküche das Abendessen für die Hunde vor. Guess freute sich dermaßen, sprang im Kreis und hüpfte, dann ging es los. Sie konnte gerade noch bis zum Flur flitzen, dort fiel sie um und krampfte. Nach 2 Minuten und 54 Sekunden stand Guess wieder auf. Zu diesem Zeitpunkt war sie

379 Tage anfallsfrei.

Es wirkte, als ob Guess mit dem nächsten Anfall gewartet hatte, bis Gâteau wieder stabil wurde. Ich glaube, es hätte mir auch die Füße unter dem Boden weggerissen, wenn es in der schlimmen Zeit ein paar Wochen vorher passiert wäre. So war ich in diesem Moment ganz voll für Guess da und legte auch schon das Diazepam bereit, als sie die zwei Minuten überschritt. Meine Gedanken drehten sich um den Notfall. Es war ein Feiertag und nach 19 Uhr. Die Tierklinik hatte bereits geschlossen, aber wäre auch keine wirkliche Option für mich gewesen, nach unserer Erfahrung im März. Kaum dachte ich den Gedanken, kam Guess zu sich. Ich war erleichtert!

Zum Glück war Guess auch schnell wieder sicher auf den Beinen und hatte großen Appetit. Es kam wieder die Vitaminpaste zum Einsatz, damit ihr Mineralstoffhaushalt schnell wieder ins Lot kam. Banane hatte ich an diesem Tag nicht, aber das sollte fast noch besser sein.

Als Auslöser vermutete ich an diesem Abend die Aufregung und Vorfreude auf das Abendessen, was ich so gemein fand. Freude sollte keine Krankheit auslösen dürfen. Das war nicht fair.

Am kommenden Tag kam der wohl verantwortliche Auslöser aus Guess zum Vorschein. Sie musste unbemerkt vor einigen Wochen im Badezimmer am Mülleimer gewesen sein. Ein Tampon in fünffacher Länge kam aus ihr heraus, wie ich beim Sezieren mit zwei Kotbeuteln feststellen musste. Dabei gab ich mir schon so große Mühe, alle Türen geschlossen zu halten, alles fortzuräumen, was ihr schmecken könnte. Aber somit war mir klar, dieser hatte die Aufnahme vom Phenobarbital im Darm gestört und so kam der Anfall zustande.

Guess wünscht frohe Ostern

Kapitel 26

Am 8. April 2024 wurde unser Gâteau 16 Jahre alt. Wir hatten fast nicht erwartet, dass er diesen Tag noch erleben würde und dementsprechend gab es zu seinem Geburtstag eine doppelstöckige Fleischtorte*, eine neue weiche Kuscheldecke und seine Lieblingsleckerchen.

Wir machten eine seiner Lieblingsrunden und selbstverständlich bekam er ganz viele Streichelminuten. Er war nicht der Freund von langen Kuschelzeiten, deswegen lieber immer nur kurz und wohl dosiert.

„Irgendwas ist ja immer leer!", sagte ich zu meinem Mann, als ich feststellte, dass ich Grünlippmuschelextrakt und Kollagenhydrolysat für die Hunde nachbestellen musste. Seine recht trockene Antwort darauf: „Meistens das Portemonnaie."

Das war recht treffend, aber den Hunden sollte es schließlich an nichts fehlen. Die größte Ausgabe monatlich war natürlich das Futter, aber daran wurde keinen Millimeter gerüttelt. Dazu kamen die ganzen Nahrungsergänzungsmittel, am günstigsten war da unsere Smilla mit Energieboost (Fett und Algen), Omega 3-6-9-Kapseln, Kollagenhydrolysat im Wechsel mit Grünlippmuschel und einer gelegentlichen Entgiftungskur.

Für die beiden Senioren sah das Ganze schon wesentlich komplizierter aus. Guess benötigte ein Mittel, um die Leber zu unterstützen, am besten funktionierte bei ihr reines Mariendiestelpulver. Dann gab es etwas für die Gelenke und gelegentlich eine Kur mit fermentierten Kräutern und effektiven Mikroorganismen für die Zähne.

---

* Das Rezept für die Torte findet ihr im ersten Teil dieser Buchreihe.

Bei unserem Gâteau mit nun über 16 Jahren gab es ebenfalls das Zahnspray, pflanzliche Tabletten für sein Herz, diverse Gelenkzusätze mit Kräutern, CBD-Öl und Kollagen für die Knorpelsubstanz, sowie Schwarzkümmelöl für die Atemwege.

Alle Nahrungsergänzungsmittel wurden von mir aufgeteilt auf die drei Mahlzeiten, die die drei Hunde bekamen, abgestimmt auf die Organuhr aus der traditionellen chinesischen Medizin und noch viel wichtiger: auf den zeitlichen Abstand zu Guess` Medikamenten.

Eines Tages kam mir der Gedanke, dass da außer mir niemand durchstieg, wann und was es zu welcher Mahlzeit gab. Ich schrieb eine Liste, mit Futtermengen der Hunde auf ihr Gewicht und ihre Aktivität abgestimmt, die einzelnen Mengen und Uhrzeiten der Fütterung und der dazugehörenden Nahrungsergänzungen in tabellarischer Form. Das beruhigte mich, denn sollte ich einmal ausfallen, wäre das ziemlich fatal, wenn niemand wüsste, wie die Hundegesunderhaltung funktionierte. Die Liste wurde einlaminiert und in den Schrank mit den Nahrungsergänzungsmitteln und Medikamenten für die Hunde gelegt.

Für mich war das sehr beruhigend, für andere inspirierend, sich ebenfalls solch eine Liste anzulegen. So ereilten mich nach einem Post auf Social Media über das Thema viele Anfragen, ob ich mit den Hundebesitzern solche Listen ausarbeiten könnte.

Guess interessierte es natürlich herzlich wenig, was ich wann in ihr Futter gab, Hauptsache war, dass es pünktlich in ihren Napf kam. Gerne auch etwas eher, vielleicht etwas öfter. Aber ihr Gewicht blieb stabil, auch nach der Umstellung von zwei auf drei Mahlzeiten, was tatsächlich für alle der drei Hunde gut war, nicht nur für den ‚Opi‘, für den die Umstellung hauptsächlich gedacht war.

Guess musste nicht mehr eine Handvoll Trockenfutter nach dem Aufstehen bekommen, um nicht zu unterzuckern, Fräulein Smilla wurde durch die drei Mahlzeiten wesentlich ausgeglichener und Gâteau wurde zum Frühaufsteher, denn alles Essbare war jetzt sein liebstes Hobby – und auch fast sein einziges.

Die Spaziergänge mit ihm waren mühsam geworden. Mit Leckerli konnte man ihn jedoch immer wieder überzeugen, ein paar Meter weiterzugehen. So schafften wir es auch ab und zu noch in den Wald auf eine kleinere Runde. An guten Tagen ging er wieder bis zu sechs Kilometer auf drei kleine Spaziergänge verteilt. Die Mädels nahmen viel Rücksicht auf ihn und er gab das Tempo an. Wenn er schnüffeln wollte, wurde geschnüffelt, wenn er etwas Tempo zulegte, gingen wir schneller. Das machten die drei ganz wunderbar und wir genossen den Frühling.

Lediglich sein rechtes Auge machte uns zunehmend Sorgen. Seit dem Vestibularsyndrom bildeten sich auf dem Auge trübe Wölkchen, die sich veränderten und den Anschein boten, es entstünden kleine Löcher auf der Hornhaut. Das Auge tränte und er kniff es immer zu, wenn er von Licht, insbesondere der Sonne, geblendet wurde.

Meine Mutter fuhr mit ihm, es war ein Freitag, zur Tierärztin, um das Auge untersuchen zu lassen. Nach zwei Stunden kam sie mit Gâteau zurück und hatte drei Medikamente für ihn dabei. Einmal war es ein Augengel, welches die Hornhaut regenerieren sollte, dann ein Antibiotikum für ein paar Tage und ein Medikament, welches Kristalle in der Hornhaut auflösen sollte, um die es sich wahrscheinlich handelte und die nicht selten bei älteren Hunden auftraten.

Die drei Medikamente sollte es verteilt am Tag insgesamt achtmal geben, nicht zusammen, damit sie sich nicht gegenseitig beeinflussten. Dafür machte ich einen Plan, den ich aber im Arbeitsalltag kaum einhalten konnte. So gab es zunächst das Antibiotikum, dann nach dem nächsten Termin in meiner Praxis das Gel und abends vor dem Spaziergang das Mittel gegen die Kristalle. Bereits auf dem Spaziergang fiel mir auf, dass Gâteau eigenartig lief und sehr träge wirkte. Ich schob es auf den anstrengenden Tag mit Tierarztbesuch und das ständige Gefummel an seinen Augen.

Am darauffolgenden Samstag begann ich wieder ein der Reihenfolge mit Antibiotikum und dem Hornhautregenerativum. Und irgendetwas lenkte mich an diesem Tag ab, so dass ich wieder erst abends an die Tropfen gegen die Kristalle dachte und ich gab sie ihm wieder vor dem Spaziergang. Er tat sich wieder richtig schwer, obwohl er morgens super gelaufen war. Wir hatten Brötchen geholt und er war gut drauf. Das konnte doch kein Zufall sein?

Wir kamen nach der für ihn mühsamen Runde nach Hause und ich bereitete das Abendfutter vor. Er wollte nichts essen. Stattdessen lag er auf der Seite auf dem Teppich vor unserer Kochinsel, den ich für ihn ausgelegt hatte, damit er weniger Fläche zum Ausrutschen hatte, und pumpte wie ein Maikäfer. Nach einer halben Stunde wollte er nach draußen und brach auf der Terrasse zusammen.

Ich trug ihn wieder in sein Bettchen und las auf der Stelle den Beipackzettel des Medikamentes noch einmal genauer: „Das Medikament kann kurzzeitiges Unwohlsein auslösen." Diesen Satz hatte ich am Vortag bereits gelesen, als mir meine Mutter die Medikamente ich die Hand gedrückt hatte. Das hier war jedoch nicht nur ein kurzzeitiges Unwohlsein, ich hatte Angst um sein Leben!

Weiter las ich: „Nicht anwenden bei Histaminintoleranz."

Da musste mein Hund 16 Jahre alt werden, damit wir noch herausfinden mussten, dass er eine Histaminintoleranz hatte? Ich befragte ganz schnell Google, was in solch einem Fall zu tun war. Vitamin C war der Antagonist für Histamin und neutralisierte es im Organismus. Was für ein Glück. Ich hatte Vitamintuben für Hunde in meiner Praxis und gab ihm sofort eine große Portion davon, die er freiwillig nicht aufnehmen wollte, aber ich verabreichte ihm diese gleich ins Schnütchen und hielt kurz den Fang zu, bis er schluckte. Dann legte er sich wieder auf die Seite und atmete schwer, bekam schlecht Luft. Nach knapp zwei Stunden schlief er ruhig, die Gefahr war vorbei.

Am Sonntag informierte ich den Pharmakonzern über die schwere Reaktion auf das Medikament und den etwas zu kurzen Hinweis im Beipackzettel. Ich erwartete keine Antwort, wurde aber einige Tage später positiv überrascht, besonders über die erste Frage, wie es meinem Hund jetzt ginge. Ich bekam ein Formular zum Einsenden von Nebenwirkungen. Ob der Beipackzettel nun angepasst wurde, konnte ich leider nicht nachverfolgen.

Auf Grund dieses furchtbaren Abends beschloss ich, das Auge noch ein paar Tage mit dem Hornhautgel zu versorgen, danach ließ ich das Auge einfach in Ruhe. Und es heilte ab. Ganz von allein.

Kapitel 27

Ich war so glücklich, auch die größeren Spaziergänge konnten wir jetzt langsam wieder gehen. Am besten ging es, wenn wir zu zweit waren, entweder mein Mann oder meine Mutter mich begleiteten. Einer kümmerte sich um Gâteau und seine Bedürfnisse und einer machte Spaß und Quatsch mit Guess und Fräulein Smilla.

Wir verbrachten auch viel Zeit im Garten. Die Tür zur Küche blieb geöffnet und ich bepflanzte die Beete, säte Rasen, Gemüse und Kräuter. Aber es blieb auch viel Zeit, um zu lesen und das schöne Wetter zu genießen. Beruflich trat ich bewusst etwas kürzer, um nach dieser sehr anstrengenden Zeit Kraft für mich zu tanken und viel Zeit mit den Hunden verbringen zu können, denn ich ahnte, dass unsere gemeinsame Zeit mit Gâteau nicht mehr sehr lang sein würde.

Diesen Gedanken hatte ich auch während ich Löwenzahnwurzeln im Blumenmond sammelte und zum Trocknen in der Küche aufhing. Die Wurzeln wurden rituell an diesem Tag gesammelt und über den Sommer getrocknet, um sie an Samhain – die Nacht vor Allerheiligen – für die Seelen der Verstorbenen zu räuchern. Ein Gefühl sagte mir, dass am Ende diesen Jahres auch Gâteaus Seele dabei sein würde und beschloss, uns allen einen wunderschönen Sommer zu bereiten.

Kapitel 28

Anfang Juni beschloss ich Vorkehrungen zu treffen, damit Gâteau noch einmal mit uns im Herbst ans Meer fahren konnte. Zunächst kaufte ich ihm eine Sonnenbrille, mit der wir üben wollten, um seine empfindlichen Augen vor Sand, Wind und Sonne zu schützen. Stoisch ließ er sich die Brille aufsetzen, zur Belohnung für seine Geduld gab es eine Kaustange.

Für den Weg zum Strand kaufte ich ihm voller Vorfreude einen faltbaren Bollerwagen mit Dach. Ich konnte förmlich sehen, wie er darin saß, die Sonnenbrille trug und die Öhrchen im Wind flatterten.

Meine Mutter wollte mit dem Zug nach Kiel und dann mit der Fähre nach Laboe fahren, damit wir ausreichend Platz im Auto für das umfangreiche Equipment und die Mädels hätten.

Was mir auffiel war, dass Gâteau in diesem Jahr nur einmal ganz kurz auf der Terrasse in der Sonne gelegen hatte. Früher konnte er es kaum abwarten, auf einem Fell oder in einem Bettchen die Sonnenstrahlen zu genießen. Er guckte ab und zu mal heraus, wenn ich dort mit Guess und Fräulein Smilla in der Sonne saß, ging aber immer recht zügig wieder zurück in sein Bettchen. Je wärmer es wurde, desto weniger sah man den kleinen alten Mann. Das letzte Mal lag er draußen in seiner Hängematte an seinem Einzugstag, dem 26. Juni 2024. Vierzehn Jahre war er nun Teil unserer Familie. Auch an diesem Tag gab es eine Fleischtorte für die Hunde.

Um viel Zeit mit oder eher bei Gâteau zu haben, verbrachte ich auch viel Zeit in der Küche. Ich kochte, backte, kochte ein, backte Hundekekse, räumte auf oder saß einfach bei ihm in der Nähe und sah ihm beim Schlafen zu. Dabei kuschelten sich Guess und Fräulein Smilla auch immer an mich. Die beiden kamen in den letzten Wochen zu kurz. Immer guckte ich eher zu Gâteau und auch mein Kopf war meistens bei ihm, weil seine Atmung deutlich schlechter wurde.

Ich hatte Angst, dass seine Luftröhre eines Tages kollabieren und er ersticken würde, die Symptome sprachen dafür, eine genaue Diagnose war nur in Narkose möglich und die würde er nicht mehr verkraften. Also nahmen wir jeden Tag dankbar an, den wir zusammen haben durften.

Im Juli begann Gâteau sonderbar zu werden. Er verwechselte Kühlschrank, Balken, Bäume mit mir, blieb davor stehen und wollte ein Leckerchen haben. So niedlich er dabei war, so sehr schmerzte es auch. Da zeigte sich eindeutig seine Demenz und sie wurde stetig schlimmer.

Im August begann er, sich hinter Türen zu verlaufen und nicht mehr hinauszukommen. Nachts rutschte er im Wohnzimmer auf dem Fußboden aus, kam nicht mehr hoch und sagte aber auch keinen Ton. Lediglich das Kratzen auf dem Fußboden konnte man vernehmen und mit Glück wurde einer von uns beiden wach.

Manchmal verlor Gâteau ein Häufchen auf dem Weg nach draußen, aber meistens schaffte er es. Zum Glück war es Sommer und wir konnten meistens die Tür nach draußen für ihn geöffnet. Er begann mir nachzulaufen, weil er nur noch an Futter denken konnte, selbst die Räume, die er Jahre lang nicht betreten hatte, suchte er wieder auf, wenn ich mich dort befand. Sogar bis ins Badezimmer lief er hinter mir her, und wenn es nur für einen halben Keks gewesen wäre. Die Mädels waren natürlich auch immer dabei, denn oft hatte Gâteau auch Erfolg. Warum sollte man ihm nicht diese letzte Freude gönnen.

Seine Runden wurden kleiner und so zog ich auch ab und zu mit Guess und Fräulein Smilla allein los. Die ersten Spaziergänge taten mir in der Seele weh, aber auch sehr gut. Sie halfen mir, etwas Abstand zu bekommen und Kraft zu sammeln, um für Gâteau wieder gut da zu sein und den Mädchen etwas mehr Auslastung zu geben, die sie brauchten. Etwas mehr Tempo tat uns gut und Gâteau schlief in der Zeit zuhause.

Das ging jedoch nur in den Zeiten, in denen jemand bei ihm war. Allein lassen konnten wir ihn nicht mehr.

Ende August, es war in meinem Urlaub, fütterte ich morgens die Hunde und anschließend gab es wie jeden Morgen eine Kaustange zum Nachtisch. Normalerweise legten sich die Hunde danach ruhig schlafen, bis wir spazieren gingen.
An diesem Morgen bekamen wie immer die Mädels zuerst ihre Stangen. Guess eine kleine, Smilla und Gâteau zum Schluss eine große.

Ich wollte gerade kurz zur Tür heraus gehen, da hörte ich hinter mir einen Knall. Gâteau war mit dem Kopf gegen die Kochinsel geknallt, lag auf der Seite, rang nach Luft und krampfte. Ich dachte sofort, dass er sich verschluckt haben müsste, aber mit einem beherzten Griff in seinen Hals war nichts tastbar. Es musste ein Luftröhrenkrampf gewesen sein. Oder war es etwas Ähnliches wie ein epileptischer Anfall?! Ich wusste es nicht, war furchtbar schockiert, aber dankbar, dass er nachdem ich ihm in den Schlund gegriffen hatte, wieder zu sich kam und atmete. Kaustangen bekam er von nun an keine mehr, so leid es mir tat, aber der Schock saß zu tief und die Gefahr, dass so etwas wieder passieren könnte, war mir zu groß.

Im Nachhinein betrachtet, hatte Gâteau sich in diesem Jahr ganz langsam und schrittweise von uns verabschiedet. Körperliche Reaktionen veränderten sich, es zeigte sich deutlich, was er nicht mehr konnte oder wollte. Er hat uns langsam darauf vorbereitet, dass er sich aus dem physischen Leben hier auf der Erde verabschiedet. Und so kam es in seinen letzten drei Tagen dazu, dass er gar nicht mehr spazieren gehen wollte, am Tag darauf kein Futter mehr annahm, ihm am dritten Tag keine Leckerchen mehr schmecken wollten und an seinem letzten Tag nicht einmal mehr seine heißgeliebte Leberwurst seine Aufmerksamkeit bekam. Sein Karsivan bekam ich an diesem Morgen nur mit viel Mühe in sein Schnäuzchen hinein.

Am Samstagabend, er hatte fast den ganzen Tag geschlafen, nur einen kleinen Spaziergang bis zur nächsten Ecke geschafft und sich ein paar Mal auf die Terrasse bewegt, schaute Smilla mich entsetzt an, als sie an seiner Pipipfütze gerochen hatte. Ich roch es auch, sogar zwei Meter entfernt: sein Urin roch stark nach Ammoniak, was ein deutliches Indiz für Organversagen war. Ich machte ihm noch einmal den Ofen an, aber das nahm er bereits nicht mehr wahr. Am Sonntag war er sehr müde, wahrscheinlich hatte er Schmerzen. Er wusste nicht, ob er liegen oder stehen sollte, wanderte unruhig umher, fiel hin und das blieb so über Stunden, so dass wir in seinem Sinn entschieden haben, ihm einen würdevollen Abschied zu ermöglichen und fuhren, nachdem wir uns lange und liebevoll verabschiedet haben, am Abend des 15. Septembers 2024 zu unserer Tierärztin.

Der Himmel leuchtete in allen möglichen Rottönen, als Gâteaus Seele an diesem Abend auf die Reise ging. Ich hielt sein Köpfchen, als er seine letzte Reise antrat und meine Tränen liefen lautlos über sein Gesicht. Ich sagte ihm ein letztes Mal, wie sehr ich ihn geliebt habe und immer lieben werde. Er machte seinen letzten Atemzug, ganz friedlich war er in meinem Arm eingeschlafen.

Gâteau und Guess, beide aus dem Tierschutz von

Joshi 2. Chance e.V.

Kapitel 29

Wir brachten Gâteau nach Hause, damit Guess und Fräulein Smilla Abschied von ihm nehmen konnten. Ich bereitete sein Bettchen vor dem Ofen vor, der an diesem Abend nicht brannte, dann trug ich ihn ins Haus. Ich hatte Angst vor den Reaktionen der Mädchen, Angst dass Guess vor Schreck einen Anfall bekommt, Angst, dass Smilla nicht zurechtkommt.

Guess kam zuerst und schnüffelte ganz vorsichtig an ihrem alten Freund. Sie sah aus, als ob sie verstünde was passiert war und als ob sie solch eine Situation bereits kannte. Sie zog sich zurück und legte sich gleich auf das Sofa und schlief ein.

Fräulein Smilla war eher auf Abstand, sah ihn kurz an, aber es war ihr nicht ganz geheuer. Gâteau blieb die Nacht bei uns in der Wohnung, in seinem Bett. Er sah aus, als ob er fest schliefe.

Am nächsten Tag brachte ich ihn in den kühlen Keller. Ich bin der Ansicht, dass die Seele Zeit benötigt, um sich vom Körper zu trennen. So wurde bereits vor sechs Jahren meine Birka erst nach vier Tagen (im Winter) beerdigt, Gâteau bekam seinen Platz im Garten nach zwei Tagen.

Mit auf den Weg bekam er seine Kuscheldecke, ganz viele Blütenblätter und ich legte einen Elefanten zwischen seine Pfötchen, den ich als Kind hatte. Von nun an leuchtete auf dem Grab eine Kerze für ihn.

Wenn ich am Küchentisch saß, leuchteten dort nun zwei Kerzen, für Birka und Gâteau, wieder vereint.

Alles ist anders,
nichts wie es war.

Öhrchen im Wind,
in Gedanken da.

Alles ist anders,
nichts wie es war.

Und doch wie immer,
ich seh' dich ganz klar.

Alles ist anders,
nichts wie es war.

Fühl' dich an meiner Seite,
bist mir immer ganz nah.

Alles ist anders,
nichts wie es war.

Dein Herzschlag fehlt,
doch deine Seele ist da.

Nichts ist ganz anders,
alles ist wie es war.

Du bist in meinem Herzen,
ich fühl' dich ganz nah.

Für Gâteau
von deinem dich immer liebenden Frauchen
Oktober 2024

Es war auf einmal so leer in der Wohnung. Guess und Fräulein Smilla waren ruhiger als sonst, das Wohnzimmer wirkte kalt. Wenn ich die Hunde fütterte, lief ich zuerst – wie in den vielen Jahren zuvor – zu Gâteaus Napf, der nicht mehr da war. Fast zwei Wochen lang passierte mir das.

An einem Morgen war ich mit Guess und Smilla draußen, unsere übliche Runde, auf der wir einen Wanderer mit einem weißen Hund sahen. Fräulein Smilla jaulte auf und wollte hinterher. Mir brach es fast das Herz, sie hatte es noch nicht verstanden.

An manchen Tagen kam es mir so unwirklich vor, dass Gâteau nicht mehr da war. An anderen Tagen kam es mir vor, als ob er nie da gewesen wäre. Nachts träumte ich von ihm, meistens von dem letzten Moment mit ihm. Auch wenn die Entscheidung richtig war, sie musste noch verarbeitet werden.

Alles brauchte Zeit, wir alle brauchten Zeit und vor allem brauchten wir Bewegung an der frischen Luft, die wir uns im wunderschönen Herbstwald jeden Tag ausgiebig gönnten. Die Natur war ein wunderbarer Therapeut. Das Leben war einfacher geworden und für diesen Gedanken machte ich mir Vorwürfe. Ich hätte mir noch Wochen, Monate und Jahre für die Pflege von Gâteau genommen, wenn es für ihn noch Zeit gegeben hätte. Wir gingen in jeder Mittagspause vor die Tür. Das war vor wenigen Wochen nicht denkbar.

Von einigen Kundinnen und auch von Freunden bekam ich ganz wundervolle Geschenke zum Gedenken an Gâteau. Ein Holzschild mit dem Spruch:

Ich bin der Wind in den Bäumen,
die Sonne über dem Meer,
die Wolken am Himmel
und die funkelnden Sterne.
Ich bin bei euch bei Tag und bei Nacht.

♥

Ich bekam einen Teelichthalter mit seinem Namen, seinem Geburts- und Sterbedatum, ein wunderbar kuscheliges Kissen, welches mit Birka und Gâteau in jungen Jahren bedruckt war und ein Armband mit einer Pfote und einem „G".

Ich hatte noch den Pfotenabdruck von Gâteau in einem Bilderrahmen, bestellte ein niedliches Bild von ihm und einen kleinen Beistelltisch. Ich stellte diesen an der Stelle auf, wo er immer gefuttert hat oder mir beim Kochen zusah, weil er dort einen Teppich hatte, auf dem er gut stehen konnte und nicht auf dem Boden wegrutschte.

Nun gestaltete ich an diesem Platz einen Ort des Gedenkens für ihn mit seinem Bild, dem Teelichthalter und dem Schild. Ich stellte eine Topfpflanze dazu, die gerade blühte, dazu. Auf dem unteren Podest stand nun der Trinknapf der Mädels und ein Korb mit getrocknetem Lavendel für die Erinnerung an Gâteaus Herkunft: Südfrankreich.

Ich stand oft an dem Tischchen und schaute auf sein Bild. Wenn ich den Blick hob und aus dem Fenster nach draußen schaute, sah ich seine Kerze. Alles blieb auf diese Weise miteinander verbunden.

Kapitel 30

Zwei Wochen später stand der Urlaub an, auf den ich mich so gefreut hatte. Etwas Abstand von zuhause würde mir guttun, das wusste ich, aber es machte mich so traurig, dass ich Gâteau nicht noch einmal ans Meer bringen konnte.

Auf der Fahrt an die See sortierte ich Bilder auf dem Handy aus. So schwer es mir fiel, aber ich brauchte etwas Speicherplatz. Ich begann ganz am Anfang, es war 2018. Ich benötigte tatsächlich die ganzen dreieinhalb Stunden, bis ich beim letzten Urlaub im vergangenen Herbst angekommen war. Und ich habe so viele schöne Momente gefunden, so viel Schönes haben die Hunde erlebt. Wir waren mindestens einmal im Jahr an der See, wir haben wunderschöne Wanderungen unternommen, wir waren stets und ständig draußen unterwegs, an vielen Schnüffelstellen mit viel Abwechslung. Ich musste mir keine Vorwürfe machen, dass Gâteau dieses Mal nicht mehr dabei war. Er hatte ein tolles Leben und war so oft am Meer. Wir haben einen schönen Frühling und einen letzten Sommer gemeinsam gehabt. Ich schloss so meinen Frieden und freute mich in dem Moment auf schöne Erlebnisse mit Fräulein Smilla und Guess.

Wir bezogen dieses Mal auch eine andere Wohnung. Wir hatten zu spät gebucht und die Wohnung gegenüber war bereits belegt. Ich fand es nicht schlimm, die Wohnung war kleiner, aber auch schön und die Lage war die Gleiche. In der Wohnung erinnerte nichts an Gâteau und ich konnte gedanklich etwas abschalten und in die Erholung kommen, die ich so dringend benötigte.

Wir waren jeden Tag um die acht Kilometer spazieren, es war herrlichstes Wetter und wir genossen die Tage. Wir hatten Sonnenuntergänge, Sonnenaufgänge, zwei Regenbögen und Polarlichter. Es gab gutes Essen, Wein und Filmabende, Bummel durch die örtlichen Geschäfte, fast jeden Tag gab ein Softeis, wir besuchten eine Kunstausstellung und natürlich viel Zeit für den Hundestrand. Smilla und ich wuchsen in dieser Woche viel enger zusammen, die Rudelstruktur begann sich zu ändern und sie wurde freundlicher, zugänglicher und noch anhänglicher, als sie eh schon war.

Guess war müde und ich glaube, auch ein wenig genervt, wenn ich schon wieder mit dem Geschirr vor ihrer Nase wedelte. Aber sie kam dann doch bereitwillig mit uns und das zahlte sich durch eine großartig aufgebaute Muskulatur der Oberschenkel aus.

Das sollte unbedingt so bleiben, auch nach dem Urlaub, trotz meiner Arbeit. Das nahm ich mir fest vor. Auch die Mädels brauchten Zeit mit mir, gerade jetzt. Und sie hatten so lange Rücksicht genommen, sie durften jetzt Zeit und Aufmerksamkeit nachholen.

Ein Problem hatte Guess jedoch im Urlaub. Sie hatte immer schon Schwierigkeiten, ihr großes und kleines Geschäft in Laboe zu erledigen. Meistens ging es spätestens irgendwann am Strand, aber in diesem Urlaub gestaltete sich das echt schwierig. Am ersten und zweiten Tag: tagsüber nichts. Am zweiten Tag erledigte sie abends dann zum Glück alles im Kurpark auf der Wiese, nachdem wir schon diverse Runden gelaufen waren. Ich denke, die Ablenkung und die vielen Gerüche von den vielen fremden Hunden waren einfach zu viel.

Was mich jedoch überraschte war, dass Guess im Urlaub mit so ziemlich jedem Hund verträglich war und ganz verblüfft schaute, wenn sie einmal angemotzt wurde. War das mein Hund? Ich fand sehr schön, wie sie mit vielen Hunden Kontakt aufnahm, ein paar Mal musste ich sogar mit der Flexileine mitlaufen, weil Guess spielen wollte. Besonders schön war dies morgens um 6.45 Uhr am Strand im Sonnenaufgang mit einem wunderschönen Golden Retriever, der es ihr angetan hatte.

Ein weiteres Hobby, welches sich im Urlaub bei Guess etablierte, war das Steinhüpfen. In etwa musste man sich das vorstellen, wie Bankhüpfen für Fortgeschrittene.

Love Guess And Rock On – Guess On The Rocks.

Am Hundestrand in Laboe war eine ganze Reihe großer Steine am Rand der Dünen. Dorthin zog es Guess ganz zielstrebig und sie hüpfte die ganze Reihe durch.

Ich hatte immer etwas Sorge, dass sie abrutschen und sich am Pfötchen verletzen konnte, aber sie nahm Stein für Stein ganz souverän. Und für Fotos posierte sie auf einem Stein, so dass andere Hundebesitzer zu ihren Hunden sagten: „Guck mal, so macht man Fotos von einer hübschen Dame!".

Wenn wir mittags in unsere Ferienwohnung zurückkehrten, bereitete ich das Mittagessen für die Hunde vor. Guess freute sich immer so sehr auf das Futter, dass sie mit dem Kopf gegen die Sitzsäcke im Wohnbereich boxte und diese durch den Raum schob. Ich musste jedes Mal lachen und beschloss, einen Sitzsack zum Schieben für zuhause zu besorgen.

Der Abschied aus Laboe fiel mir sehr schwer. Ich ahnte, was auf mich zukommen würde, wenn wir wieder zuhause waren. Wir hatten bereits mit den Mädchen alleine im Urlaub gemacht und Gâteau blieb in dieser Zeit bei meiner Mutter. Er war immer da, wenn wir zurückkamen. Dieses Mal sollte das nicht der Fall sein.

Der Urlaub hatte für Erholung und Zerstreuung gesorgt, aber vor den eigenen Gefühlen konnte man schlichtweg nicht fortlaufen. Irgendwann holten sie einen ein, egal wo man sich gerade auf der Welt befand.
Und so kam es auch. Das leere Wohnzimmer empfing mich und alle schmerzlichen Gefühle kamen sofort wieder zurück. Und auch die nächtlichen Träume von Gâteau waren wieder da, die ich im Urlaub nicht hatte.

Das Universum verpasste mir zumindest einen Start in den Arbeitsalltag, der mich anderweitig aufwühlte. Von meinen vollen Arbeitstagen blieben mir nur wenige Patienten. Die „Verschieberitis" hatte sich im Kundenkreis breitgemacht und so blieb mir etwas mehr Zeit für mich und ich konnte mich ein wenig in mich zurückziehen, hatte aber auch alle Mühe, die Termine neu zu legen, weil der Terminkalender schnell wieder voll war.

Kapitel 40

Der Herbst zeigte sich in diesem Jahr von seiner besonders schönen Seite: Die Blätter leuchteten in den buntesten Farben, sie strahlten im Licht der tief stehenden Herbstsonne, die wir jeden Tag in meiner Mittagspause genossen. Lieber legte ich einen Termin vorweg oder an den Schluss des Tages und arbeitete länger, als dass ich meine heilige Mittagspause aufs Spiel setzte und uns die Sonne und der wunderschöne Wald entgingen.

Die frische Luft, die Bewegung, der Wind, das Rascheln der Blätter unter unseren Füßen, alle das tat mir wahnsinnig gut. Und den beiden Mädchen auch. Denn mittlerweile bestanden sie auf den Spaziergang am Mittag. Verzögerte sich dieser oder fiel aus, waren sie ein wenig eingeschnappt, so schien es mir. Und die Zeit, die uns öfter im Haus hielt, kam früh genug.

Wir fingen schnell jeden Sonnenstrahl ein, bewahrten ihn im Herzen, bevor die Dunkelheit ins Tal zog und die Sonne erst im Frühjahr hoch genug stand, damit es die Strahlen ganztags über den Berg schafften.

Die dunkle Jahreszeit begann mit der Umstellung der Uhren auf die Winterzeit. Umso wichtiger wurden meine Mittagspausen, denn morgens wurde es zum Spaziergang gerade erst hell und abends wartete auf uns die Dunkelheit. Wie kleine Laternen leuchteten dabei die Hundehalsbänder.

Die Zeitumstellung der Tablettengabe lief zum Glück wieder gut ab. Am Dienstag vorher begann ich Guess in zehnminütigen Schritten von Tag zu Tag auf die spätere Zeit umzustellen, damit, wenn am Sonntag die Stunde zurückgestellt wurde, wir wieder bei der gewohnten Zeit um 9.30 und um 21.30 Uhr waren.

Die Abende waren noch besonders schwer belastend. Während ich arbeitete, was ich abgelenkt. Während wir spazieren gingen, war ich abgelenkt. Und während ich mich um Essen, Haushalt und was es sonst noch im Leben „nebenbei" gibt kümmerte, war ich abgelenkt.

Nach Feierabend kam schnell ein Tief, wenn ich keine andere Ablenkung fand. Und in diesem Moment wurde mir bewusste, dass Ablenkung nicht die Lösung war, sondern das Zulassen. Und nun weinte ich auch wieder ab und zu. Ich ließ es zu, wenn die Tränen kamen und sie gingen auch wieder, mal schneller und mal langsamer. Und das war einfach in Ordnung.

Dann nahm ich mir wieder vor, weiterzuschreiben. Gedichte aufzuschreiben, die mir in den Sinn kamen und natürlich die Fortsetzung des Buches über Guess, das schon wieder seit Wochen mit der Fortsetzung auf mich wartete. Gefühlt handelte es zur Hälfte von Gâteau, was aber auch okay war, denn er war Familie für Guess. Mit ihm lernten wir den Verein „Joshi, die 2. Chance e.V." kennen, über den auch Guess aus dem Süden Frankreichs zu uns in die Familie kam.

Und da kam mir die Idee, dass der zweite Teil der Bücher über Guess, welches du gerade in der Hand hältst, den Verein unterstützen sollte. Von den Erlösen des ersten Teils spenden wir einen Anteil in die Notfallkasse der Gruppe „Ein Hundeleben mit Epilepsie". Dieses Buch sollte nun den Verein unterstützen, dem ich Gâteau und auch Guess zu verdanken hatte. Ich fand den Gedanken sehr schön, dass dieses Buch nicht nur zur Unterhaltung dient, sondern auch einem guten Zweck dienlich ist.

Mein nächster Gedanke war, da es in diesem Teil keine großartig hilfreichen Tipps gab, außer den Erklärungen und den Ratschlägen zum Vestibularsyndromes, ein gesondertes Kapitel zum Thema „Trauerbewältigung" anzuhängen.

Kapitel 41

Samhain, Halloween, Reformationstag

Bereits am vorherigen Abend bemerkte ich, dass Guess nicht so voller Enthusiasmus ihr Futter fraß. Eigentlich tanzte sie immer um mich herum, während ich es vorbereitete, und sie verschlang es, so schnell sie nur konnte. Jetzt schob sie es von einer Ecke in die andere und nahm nur kleine Bissen.

Am nächsten Tag, es war der Reformationstag und ich hatte frei, wirkte Guess sehr angeschlagen, wackelte langsam durch den Wald hinter mir her. Zuhause kochte ich ihr gleich Moro`sche Möhrensuppe, weil sie im Wald großen Gefallen am grünen Gras gefunden hatte. Das sprach vielleicht für eine Magenverstimmung, vielleicht Übersäuerung oder einen kleinen Infekt. Die Suppe gab es mit matschig gekochtem Reis und einem Teelöffel Heilerde, in der Hoffnung, dass das lauwarme Futter ihren Magen beruhigen würde.

Zwei Stunden später rief mich mein Mann schnell ins Wohnzimmer. Guess hatte alles auf dem Teppich erbrochen und war im Begriff, alles wieder aufzufuttern, hätte er sie nicht festgehalten. Es war glücklicherweise drei Stunden nach der Gabe des Luminals. Bis zu zwei Stunden gab es Richtwerte, wie man das Medikament nachgeben sollte, wenn es anschließend zum Erbrechen kam:

Erbrechen innerhalb von 15 Minuten: 100% der Dosis nachgeben.
Erbrechen innerhalb von 30-45 Minuten: 75% der Dosis nachgeben.
Erbrechen innerhalb von 45-60 Minuten: 50% der Dosis nachgeben.
Erbrechen innerhalb von 1 Stunde: 25% der Dosis nachgeben.
Erbrechen nach mehr als 1,5 Stunden: keine Medikamente nachgeben.

Dies sind nur Richtwerte. Die individuelle Vorgehensweise entscheidet der behandelnde Tierarzt.

Ich tauschte mich mit einer lieben Freundin und Kollegin aus, die mich – denn ich war immer etwas betriebsblind, was die eigenen Hunde betraf – auf eine gute Idee brachte. Homöopathie! Natürlich! Ich hatte eine große Hausapotheke im Arbeitszimmer unter dem Dach. Dort stand sie gut und ich vergaß sie des öfteren.

Also gab es stündlich ein paar Kügelchen Nux vomica und nur noch löffelweise ein wenig Schonkost. Zum Glück trank Guess von alleine ausreichend Wasser. An diesem Tag schlief sie viel, ich machte ihr ein Körnerkissen und hoffte, dass sich ihr Magen bis zum nächsten Tag wieder beruhigen würde.

Am Abend hatte ich zum Feuer auf der Terrasse zwei Freundinnen eingeladen, ich überlegte kurz, ob ich absagen sollte, aber mein Mann war zuhause und hatte ein Auge auf Guess in ihrem Kuschelbettchen vor dem Ofen.

Am nächsten Tag ging es Guess tatsächlich um Welten besser. Sie tanzte morgens früh schon wieder für ihr Frühstück. Es gab noch Schonkost und auch nur eine kleine Portion, aber sie verspeiste alles mit zügigem Genuss.

Auch auf dem Spaziergang am Vormittag war sie wieder viel schneller, hüpfte voller Freude über Tische und Bänke und futterte auch kleine Stückchen von ihren Lieblingsleckerlies: Entenstreifen. Es war so schön, dass wir die „erweiterte Dorfrunde" spazieren gingen und wir genossen unterwegs den trockenen Herbsttag und viele Bänke.

Im Laufe des Tages gab es für Guess noch drei weitere kleine Mahlzeiten mit den gekochten Möhren und einem kleinen Teil ihres Nassfutters. Sie behielt alles im Magen und schlief viel zufriedener, nicht mehr in Schonhaltung und schnarchte. Mein Hundemamaherz machte kleine Freudensprünge, dass es so schnell wieder gut wurde. Wie schlimm man jedes Mal selbst litt, wenn es einem Hund nicht gut ging. Und das gerade jetzt, wo der Verlust von Gâteau noch so frisch war. Nichts Ernstes war genau das, was wir gerade so derzeit ertragen konnten.

Es war genau ein Jahr her, dass Guess am Reformationstag mit der geschwollenen Wange aufstand und wir am kommenden Tag zu unserer Tierärztin mussten. Dieser Tag schien nicht unser Tag zu sein, so viel stand fest.

Am darauffolgenden Morgen hörte ich Guess wie wild durch die Küche und das Wohnzimmer tippeln. Ich sprang aus dem Bett, weil ich dachte, sie könnte einen Anfall haben und eilte auf nackten Füßen über den Flur und fand eine vor Freude durch das Zimmer tanzende Guess, die einfach fröhlich war, weil es gleich Futter gab und sie mich mit ihrem Tanz aus dem Bett bewegt hatte.

Es war 6.40 Uhr und Samstag. Ich hätte definitiv gerne noch einen Moment im warmen Bett gelegen, aber Guess so ausgelassen und fröhlich zu sehen, machte es wieder gut. Und so hatte ich, nachdem die Mädels ihr Frühstück bekommen hatten, noch richtig viel Zeit, um an diesem Buch weiterzuschreiben, mit heißem Kaffee und in dicken Kuschelsocken.

Am Abend zuvor hatte ich mich bereits wieder an das Buch gesetzt. Eine kleine Schreibblockade war bei mir eingetreten. Also beschloss ich, mal etwas anderes zu versuchen. Mir fiel die Schreib-Playlist ein, die eine Freundin am Ende ihres ersten Buches aufgelistet hatte. Ich erstellte mir auch eine Playlist. Mit der Musik auf den Ohren begann ich zu schreiben und hörte erst zweieinhalb Stunden später wieder auf.

(Das Buch meiner Freundin Maren findet ihr in den Buchempfehlungen am Ende dieses Buches.)

Kapitel 42

Wochenende und ein schöner Herbsttag standen uns bevor. Schon einige Tage vorher überlegte ich, dass wir mal wieder etwas gemeinsam unternehmen müssten und dass wir schon seit einer gefühlten Ewigkeit, ja, es waren bereits fünf Jahre vergangen, dass wir im Weltwald in Bad Grund mit den Hunden spazieren gingen. Es war nach der letzten Junghundestunde der Hundeschule unseres kleinen Fräuleins, als wir mit ihr und Gâteau dort waren.

Im Herbst konnte man dort allerlei Farben von Bäumen aus der ganzen Welt bestaunen, worauf ich bei herrlichem Sonnenschein hoffte. Und in diesem Wald gab es einen Erlebnispfad, der für die Mädchen einige Überraschungen bereithalten sollte, als besonderes Highlight eine Hängebrücke, über die bisher jeder meiner Hunde mindestens einmal gegangen war. Die erste war meine Birka, damals bereits zehn Jahre alt und die beim ersten Schritt auf den wackeligen Untergrund etwas skeptisch war, aber mir doch so vertraute, dass sie mit mir ging. Gâteau war da etwas gelassener und trottete über die Brücke, wenn es denn sein musste. Das zweite Mal war er dort mit Fräulein Smilla und noch genau so cool. Fräulein Smilla hingegen, sie war ein nicht ganz so mutiger Jagdhund, legte damals zunächst die Vierpfotenbremse ein und weigerte sich weiterzugehen, ließ sich dann aber doch überreden.

Dieses Mal war es für Guess eine neue Situation und ich war sehr gespannt, ob sie, wie immer, souverän und mutig agieren würde.

Wir fuhren nach dem späten Frühstück an diesem herrlich sonnigen Sonntag mit den Mädchen los und, wie ich erwartet hatte, waren auch viele andere Menschen auf die Idee gekommen, einen Sonntagsausflug hierher zu unternehmen. Glücklicherweise fanden wir direkt am Eingang einen Parkplatz und gingen direkt auf den Erlebnispfad, der mit einer Indianerfeder gekennzeichnet war.

Der schmale Trampelpfad führte über Wurzeln und kleine Stufen in das kleine Tal hinunter, wo die ersten Stationen des Pfades zu finden waren. Ich hätte meine Schuhwahl überdenken sollen, aber dafür war es etwas zu spät.

An dem ersten Informationspunkt ging es um das Alter der Bäume. Man konnte eine Baumscheibe im Querschnitt sehen, an der die Jahresringe deutlich zu sehen waren. Und für die Hunde fanden wir eine tolle Klettermöglichkeit.

Weiter führte uns der Pfad zu Tieren, die aus Baumstämmen geschnitzt waren, an einem hölzernen Pilz mit Hohlraum und an einem Tipi vorbei, in dem ich Smilla für ein Foto platzierte. Vor dem Tipi standen große Steine, ähnlich wie an der See, aber mit Moos überwachsen, die Guess ignorierte. Das war vielleicht auch ganz gut war, wie mein Mann feststellte, denn sie konnten eventuell rutschig sein.

Das erste kleine Hindernis war eine Brücke über ein kleines Tal, die sehr eng und uneben war. Aber das meisterten beide Mädchen mit links. Wir gingen weiter über eine Lichtung, vorbei an einem Aussichtsturm, den ich mit Guess bestieg und auf dem sie erfreut eine Bank fand. Schlussendlich gelangten wir zu der besagten Hängebrücke, die zum Glück auch frei war, so dass wir in Ruhe darüber gehen konnten. Mein Mann machte mit Guess den Anfang und beide kamen zügig voran. Guess war nur kurz irritiert, aber marschierte dann ganz tapfer hinter ihm her.

Danach folgten Fräulein Smilla und ich, etwas unbeholfener, weil ich unter Höhenangst litt und alles, was wackelte, mich noch einmal mehr aus dem Gleichgewicht brachte. Das übertrug sich natürlich auch auf Smilla, die immer, wenn es wackeliger wurde, eine Etage tiefer ging und unsicher ,weiterrobbte'.

Weil es so schön war, kehrten wir wieder um, überquerten noch einmal die Hängebrücke und machten einen Abstecher in die Baumwelt des Himalaya und über diverse Bänke und zum Schluss durch ,Kanada', bevor wir nach dem wunderschönen Spaziergang von fast fünf Kilometern wieder ins Auto stiegen. Die Mädchen waren dermaßen müde, so dass von Fräulein Smilla sofort nichts mehr zu hören war. Sie schlief selig auf der Rückbank. Guess saß für die kurze Strecke vorne bei mir zwischen den Füßen Ihr fielen die Augen zu, aber hinlegen mochte sie sich nicht.

Oben links: Fräulein Smilla im Tipi

Oben rechts: Guess auf der schmalen Brücke

Unten links: Guess auf einer Bank in Richtung Ostamerika

Unten rechts: Guess ganz mutig auf der Hängebrücke

Eigentlich sollte das Buch mit diesem wundervollen Erlebnis und diesem wunderschönen Bild mit den Worten enden: Und wir gingen den Weg von nun an weiter, bis ans Ende unserer Tage. Aber wie das Leben so spielte, kam einen Tag später etwas auf mich zu, womit ich an dem frühen Morgen des nächsten Tages nicht gerechnet hatte und was mich vorerst nicht mehr ‚weiter gehen' ließ.

Wir gingen, wie immer morgens früh unsere kleine Runde und es war bitterkalt. Ich zog die Hundemädchen warm an. Wir gingen zunächst das Dorf hinunter, den Berg wieder hinauf, durch das Freilichtmuseum zum Bänkehüpfen und weiter den Berg hinauf zur alten Schule und zum Schluss nach fast zwei Kilometern die Straße bergab, wieder nach Hause. Womit ich absolut nicht gerechnet hatte, das war: Glatteis.

Auf keinem Zentimeter der bisherigen Strecke war es glatt gewesen oder hätte Anzeichen dafür gegeben, aber in dieser letzten steilen Kurve, 40 Meter von zuhause entfernt, überquerte ich die Straße, um nicht in den morgendlichen Verkehr zum Kindergarten zu geraten und zack, lag ich plötzlich auf der Straße. Meinen Fuß sah ich in Höhe meines Kopfes, mein Bein eigenartig verdreht und ich war kurzzeitig nicht in der Lage, mich irgendwie zu bewegen. Der stechende Schmerz meines rechten Fußgelenkes ließ mich sofort denken: „Das ist nicht gut!".
Die Hunde guckten mich verdattert von links und rechts an, deren Leinen ich glücklicherweise noch fest in den Händen hielt und ich realisierte, dass wir ganz schnell von der Straße herunterkommen mussten, um nicht überfahren zu werden.

In der Position, in der ich mich befand, robbte ich mit den Hunden zwei Meter an die Seite, atmete tief durch und versuchte den stechenden Schmerz im Knöchel zu verdrängen. Ich zog mich langsam an dem Zaunpfosten hoch, der zum Glück in Reichweite war und versuchte vorsichtig den Fuß aufzusetzen. Der Schmerz stach bis hoch ins Knie, aber wir mussten irgendwie die letzten Meter nach Hause schaffen.

Smilla und Guess waren wie ich benommen und wie im Tagtraum hangelte ich mich von Zaun zu Zaun, Schritt für Schritt, nach Hause. Ich machte die Hunde von der Leine ab, zog mir die Schuhe aus, humpelte in die Küche und weinte. Sven zog die Hunde aus und brachte mir einen Kaffee. Der Schmerz ließ ein wenig nach und ich holte mir sofort ein Kühlkissen aus dem Kühlschrank, legte den Fuß hoch und das Kissen auf den Knöchel, trank meinen Kaffee und überlegte, was ich tun sollte. Der

Tag war voller Termine, könnte ich mit diesem geschwollenen Knöchel arbeiten?

Ich biss die Zähne zusammen und legte eine halbe Stunde humpelnd damit los, die Praxis zu putzen. Ein Spaziergang würde das nicht werden, aber der Tag war zu schaffen. Und ich schaffte ihn auch, aber abends bekam ich die Auswirkungen des Sturzes mit voller Wucht zu spüren. Mein Bein pochte, der Knöchel tat wahnsinnig weh und wurde immer dicker, ohne Schmerzmittel war es nicht mehr auszuhalten. Als die Tabletten nach einer halben Stunde wirkte, schlief ich völlig erschöpft auf dem Sofa ein.

Sven war so lieb und ging von nun mit den Hunden. Gleich am Montagabend, am Dienstag ganz früh, am Nachmittag und wieder am Morgen. Er erledigte den Haushalt, während ich auf dem Sofa lag und den Fuß hochlegte. Sven putzte mir abends die Praxis, so dass ich nur noch arbeiten musste. Meine Mama half mir beim Kochen und mit den Hühnern. Was für eine wundervolle Familie ich doch hatte.

Eine Schlussfolgerung, die ich aus diesem Sturz zog, war achtsamer mit mir und meiner Zeit umzugehen. Die ungeplante Entschleunigung meines Alltags tat mir auch sehr gut. Ich wollte künftig sorgsamer und Schritt für Schritt durch das Leben gehen.

So versuchte ich zum ersten Mal in meinem Leben Stuhlyoga. Guess war etwas irritiert, musste sich das aber unbedingt ganz genau ansehen. Und ich durfte erkennen, dass es immer Möglichkeiten gab, etwas für sich zu tun, auch wenn die Situation vorrübergehend schwieriger war.

Guess, ich und das Stuhlyoga.

Wenige Tage später ging es meinem Fuß wieder so gut, dass ich kurze Spaziergänge machen konnte. Bald sollten es auch wieder die größeren Runden durch den Wald mit den Mädels werden. Ich war im wahrsten Sinne mit einer blauen Pobacke und einem geschwollenen Knöchel davongekommen, wofür ich einfach nur dankbar war.

Kapitel 43

Es war so wunderschön, wieder spazieren gehen zu können. Unseren gewohnten Tagesablauf hatten wir wieder zurück und so gingen wir morgens spätestens um 8 Uhr unsere erste Runde. Gegen 9 Uhr kamen wir zurück. Es gab bei Ankunft zu Hause noch einen kleinen Snack für die Mädchen und dann legten sie sich zum Schlafen auf einen ihrer oder unserer Plätze, das durften sie sich aussuchen.

Für mich kam dann die Zeit, die Praxis zu putzen und etwas Haushalt zu erledigen, Tag für Tag der gleiche Ablauf. An diesem Tag war jedoch wieder einmal irgendetwas anders. Guess kam nicht zur Ruhe und lief mir hinterher. Ich beschloss zunächst, den Geschirrspüler auszuräumen, in der Hoffnung Guess würde sich dann vielleicht hinlegen, wenn sie mich im gleichen Raum wusste. Aber so sollte es nicht kommen. Im Anfallstagebuch schieb ich an diesem Tag:

12. Epileptischer Anfall am 12. November 2024 um 9.27 Uhr

Dauer: 2 Minuten und 43 Sekunden

Nach dem Morgenspaziergang kam Guess nicht zur Ruhe. Ungefähr eine halbe Stunde lief sie mir hinterher und als ich den Geschirrspüler ausräumte, stand sie vor der geöffneten Klappe. Doch plötzlich rannte sie los, bog in den Flur ab und begann dort zu krampfen. Neu bei diesem Anfall waren die heftigen Seitwärtsbewegungen mit dem Kopf, die gegen Ende des generalisierten Anfalls für ungefähr 20 Sekunden auftraten. Benommen und orientierungslos lief Guess nach dem Anfall gegen Wände und Türen. Die sofortige Gabe des Luminals verschob sich um vier Minuten auf 9.34 Uhr. Ein Auslöser für den Anfall war nicht ersichtlich.

227 Tage anfallsfrei.

Als Guess orientierungslos und furchtbar wackelig durch den Flug lief und schließlich vor meinem Unterwasserlaufband stand, kniete ich mich zu ihr nieder, sie drückte das Köpfchen an meine Brust, steckte ihr kleines Näschen unter meinen Arm und ich flüsterte ganz leise in ihr Ohr: „Es ist okay, du bist wieder da. Alles andere ist egal.".

Unser Leben ging weiter.

Sonderteil

Trauerbewältigung

Vielleicht findest du ein Plätzchen für dieses Buch und kannst es im schlimmsten Fall für dich zur Hand nehmen, wenn dein bester Freund sich auf die Reise macht oder bereits gegangen ist. Ich hoffe, ich kann dir damit etwas helfen und dir Trost spenden, denn eines ist gewiss, Trost brauchen wir in diesen schwierigen Wochen.

Ich trage an dieser Stelle für dich einige Vorschläge zusammen, die mir geholfen haben, nach dem Abschied von Birka 2018 und jetzt bei Gâteau.

Der letzte Tag.

Manchmal kommt der letzte Tag plötzlich, manchmal können wir uns emotional darauf vorbereiten. Und sind letztlich doch nicht vorbereitet, wenn es so weit ist.

Nehmt euch Zeit, wenn ihr das Gefühl habt, dass die gemeinsame Zeit endet. Beobachtet euren Hund, verbringt Kuschelzeit, geht gemeinsam ein paar Schritte vor die Tür oder in den Garten. Sprich mit deinem Hund. Gibt es etwas, was du ihm sagen möchtest? Erzähl ihm von früher, von gemeinsamen Erlebnissen, deine Nähe und auch das Erzählen, selbst wenn er auf Grund des Alters nicht mehr hört, wird euch beiden guttun und Trost spenden. Es ist ein Segen, wenn man gemeinsam die letzte Zeit bewusst und im Moment erleben kann und in Ruhe Abschied nehmen darf.

Gibt es etwas, was dein Hund gerne frisst? Gib ihm in der letzten Zeit alles, was dir in den Sinn kommt, was er besonders gerne gemocht hat.

Hast du das Gefühl, dein Hund wird nur unter Schmerzen und mit Leid die Welten wechseln, dann sei bitte so stark und lass ihm beim Abschiednehmen helfen und bleib bis zum letzten Atemzug bei ihm. So schwer es ist, diese Entscheidung zu treffen, es ist das letzte, was du für deinen Freund oder deine Freundin entscheiden kannst. Nicht gegen, sondern für dein Tier.

Bestenfalls hast du dir im Vorfeld bereits Gedanken gemacht, wie und wo ihr im schlimmsten Fall anrufen könnt und wie der Abschied für euch ablaufen soll. Möchtest du, dass dein Hund zuhause in Frieden geht, frage im Vorfeld, ob dein Tierarzt auch nach Hause kommen würde. Falls nicht, überlege gut, ob es für dich auch möglich wäre zur Praxis zu fahren. Unabhängig davon wie du dich entscheidest, bleib bitte bei deinem Hund, auch wenn es furchtbar weh tut. Versuch ruhig zu bleiben und sei für ihn da, lass ihn nicht allein.

Nach dem Abschied.

Ganz wichtig ist auch die Frage: was möchtest du für deinen Hund „danach"? Nicht selten höre ich in der Praxis, dass das Tier beim Tierarzt geblieben sei, weil die Besitzer in dem Moment mit den Entscheidungen überfordert waren. Und nicht selten sind Tierbesitzer falsch informiert, was die Beisetzung im eigenen Garten betrifft. Es ist gesetzlich nicht verboten, es gibt nur einige Vorschriften dazu. Die Grabstätte sollte mindestens so tief sein, dass das Tier fünfzig Zentimeter mit Erde bedeckt ist. Weiterhin darf kein Trinkwasserschutzgebiet in der Nähe sein. Im Großen und Ganzen war es das schon. Es gibt noch ein paar Punkte, die man im Internet für das jeweilige Bundesland oder bei der Gemeinde nachlesen kann.

Eine weitere Möglichkeit bietet die Einäscherung mit mehreren Möglichkeiten. Viele Tierbestatter klären auf ihren Webseiten über die diversen Möglichkeiten auf, die sich anbieten, wenn kein eigener Garten zur Verfügung steht. Auch eine Option sind Tierfriedhöfe, wo dein Freund den Platz zur letzten Ruhe finden kann.

Bleibt das Tier beim Tierarzt, so wird es in einem gesonderten Abfallbehälter verwahrt, bis es von der Tierverwertung abgeholt wird. Wer kann und möchte, kann sich darüber weiter im Internet informieren, es ist jedoch recht harter Tobak! Auch ich habe mich über diese Vorgehensweise belesen und für mich und meine Hunde käme das niemals in Betracht, aber ich urteile auch nicht über Hundebesitzer, die diese Entscheidung bewusst getroffen haben. Das steht niemandem zu, jeder verabschiedet sich anders und jeder darf das selbst entscheiden.

Der erste Tag.

Die Stille, die Leere, das Fehlen, die Traurigkeit, alles überlagert sich, zerbricht fast das Herz. Die erste Phase des Trauerprozesses beinhaltet auch das „Nichtwahrhabenwollen". Die Situation wirkt unreal, wir haben noch nicht begriffen, dass es ein Abschied für immer war.

Bei mir ist es so, dass die Hunde nicht sofort begraben werden, sondern für mein Ritual des Abschiednehmens noch einige Zeit habe, sie zu sehen, sie anzufassen, das Verständnis zu entwickeln, dass die Seele ausgezogen ist und es nur noch die körperliche Hülle ohne den Charakter, den Duft, den Herzschlag und die Wärme ist. Ich brauche das für mich, um zu verarbeiten. Das Verlassen der Situation im Haus hat mir sehr geholfen. Ich bin wahnsinnig viel an die frische Luft gegangen, war spazieren, bin es heute noch.

Wann die richtige Zeit ist die Näpfe, Decken, Geschirre, Leinen und Mäntelchen wegzuräumen und dann zu entscheiden, was damit passieren soll, ist auch ganz deine Sache. Brauchst du die Gegenstände noch für andere Hunde oder zur Erinnerung? Dann ist es richtig.
Möchtest du alles schnell aus dem Blick haben, weil es zu sehr schmerzt? Das ist genau so richtig. Deine Trauer, dein Abschied, dein Weg.

Die Erinnerungsbox.

Ein paar Sachen von Gâteau, an denen ich nicht so sehr hing, packte ich in ein Päckchen für Joshi 2. Chance e.V., andere Sachen, wie sein Geschirr, seine Leine, seine Decken und Mäntelchen legte ich in eine eigens dafür gekaufte große Pappbox, mit seinem Namen beklebt. Seine Erinnerungskiste, die ich in ein Regal stellte und wenn mir danach war, ich immer wieder seine Sachen nehmen und ansehen konnte. Vielleicht wäre ich irgendwann in der Lage, auch diese fortzugeben, aber so weit war ich noch lange nicht. Auf dem Dachboden hatte ich auch noch alles von meiner Birka, was teilweise nun aber von Fräulein Smilla genutzt wurde.

Gâteau`s Leinengarderobe und sein besticktes Geschirr hängen auch nach Wochen noch im Flur und das wird auch noch eine Zeitlang so bleiben, denn er ist gefühlt noch immer bei uns.

Das Tempo entscheidest allein du, lass dir von niemandem sagen, für was es wann an der Zeit ist.

Ein Gedenkplatz.

Ich richtete an der Stelle einen Gedenkplatz ein, wo Gâteau seinen Futternapf stehen hatte. Auf einem kleinen Beistelltisch hatte ich ein Bild von ihm, in einem Bilderrahmen mit seinem Pfotenabdruck, stehen. Die Geschenke, die wir bekommen hatten. Ich kann von nun an immer ein Teelicht anzünden und an ihn denken. Den Gedenkplatz habe ich beim Kochen im Blick, wenn ich am Küchentisch sitze, beides Plätze, an denen er immer gerne in meiner Nähe war.
Da sich auf der unteren Platte des Beistelltisches nun der Trinknapf der Hunde befand, erfüllte der Tisch aber auch eine Aufgabe für die beiden Mädchen. Und hübsch sieht er übrigens auch aus und erfreut mich jeden Tag.

Umgang mit Menschen.

Mit meinen Kundinnen und Kunden hatte ich wenig Probleme, sogar bereits einen Tag, nachdem Gâteau verstorben war, hatte ich wieder gearbeitet. Jeder Mensch, der mit seinem Hund zu mir kam, verstand die Trauer und es war auch kein Problem, wenn mir die Tränen liefen.

Anders sah es mit den Spaziergängen mit den Mädchen aus. Morgens zog es mich auf direktem Weg in den Wald, wo mir niemand begegnen würde. Abends wartete ich auf den Einbruch der Dunkelheit, so dass niemand mich nach Gâteau fragen konnte. Auch aus dem Dorf hinaus fuhr ich einige Male mit meiner Mutter, an einen Ort, wo Gâteau auch immer gerne war und wir einfach an ihn denkend spazieren gingen.

Es wird Menschen geben, die deine Trauer nicht verstehen. Es wird sich furchtbar anfühlen, aber daran kannst du nichts ändern. Das Verhalten anderer Menschen hat nichts damit zu tun, wie es dir geht, dann geh einfach weiter. Wünsche freundlich einen schönen Tag und geh aus der Situation.

An einem Sonntag freute ich mich beispielsweise auf einen ruhigen und einsamen Spaziergang durch den Wald und über unsere Lieblingswiese. Unterwegs traf ich eine Hundebesitzerin, die sich entschied, uns begleiten zu wollen, ungefragt und wahrscheinlich auch nicht unserer Gesellschaft, sondern ihrer Neugier wegen. Ich bin kein Freund derlei Übergriffigkeit, marschierte mit ordentlichem Tempo und ohne Erklärung mit den Mädels von dannen, die freuten sich über die sportliche Einlage. Du darfst dich abgrenzen.

Menschen, die sich dir hingegen wohlgesonnen und verständnisvoll gegenüber verhalten, die fragen, wie es dir geht, werden dir etwas Tröstendes sagen. Nimm den Trost an, es tut gut, nicht allein zu sein und jemanden zu haben, der mit dir fühlt. Und Menschen, die dir wohlgesonnen sind, lassen dir auch deinen nötigen Raum für deine Trauer.

Gefühle.

Die zweite Trauerphase besteht besonders aus den ausbrechenden Gefühlen. Traurigkeit, Wut, Verzweiflung, Ohnmacht, Erleichterung, alles hintereinander oder durcheinander; vielleicht sogar mehrere Gefühle zusammen können auftreten. Für die Erleichterung schämst du dich, die Wut über den Verlust kann groß sein, die Wut auf sich selbst, weil man nichts mehr tun konnte. Die Gedanken drehen sich um die letzten Momente und man fragt sich, ob es wirklich die richtige Entscheidung zum richtigen Zeitpunkt war.

Um etwas Ordnung in dein Gefühlschaos zu bekommen, kannst du dir einen Zettel, ein Notizbuch oder einfach ein Word-Dokument vorlegen und alles aufschreiben. Warum bist du wütend? Warum bist du erleichtert und warum schämst du dich dafür?

Schreib alle Gefühle auf und versuche sie zu verstehen, nimm sie an, es ist in Ordnung. Schreib dir von der Seele, was dir durch den Kopf geht, das nimmt dir die Gefühle nicht, aber die Last wird weniger, in dem du sie an das Papier abgibst. Die Zeilen kannst du im Anschluss verbrennen und damit loslassen.

Ganz wichtig ist, alle Gefühle zuzulassen und nicht zu unterdrücken. Nimm dir bitte Zeit dafür und friss sie nicht in dich hinein.

Eine erhöhte Reizbarkeit, Schlafstörungen und diverse andere körperliche und seelische Symptome können in dieser Phase auftreten. Du kannst Kontakt zu anderen Menschen suchen, die gerade ebenfalls in Trauer um ihr Tier sind und dich mit ihnen austauschen. Du bist nicht allein, wenn du es nicht gerade bewusst sein möchtest.

Wie lange die einzelnen Trauerphasen sind, ist immer unterschiedlich und individuell. Bei meiner Birka hing ich sehr lange in dieser Phase. Monatelang konnte ich weder laute noch leise Musik ertragen und zog mich sehr zurück.

In welcher Phase ich mich zu dem gegenwärtigen Zeitpunkt befand, kann ich nicht genau sagen, aber ich ging von der dritten der vier Trauerphasen aus. In dieser Phase macht man sich Vorwürfe und ist dankbar zugleich. Man sucht Orte auf, die das verstorbene Tier gerne mochte, man sucht praktisch den Kontakt und der Verlust des Tieres wird einem bewusst. In dieser Zeit kannst du auch in Träumen verarbeiten, depressive Zustände haben oder innere Zwiegespräche mit deinem verstorbenen Hund führen.

In der letzten Trauerphase ist man oft davon überzeugt, den Verlust verarbeitet zu haben, aber man ist dennoch labil und anfällig für Rückschläge. Die Dankbarkeit und Rückkehr positiver Gefühle überwiegen, aber es wird auch noch Momente geben, in denen der Verlust dir wieder schmerzhaft bewusst wird.

Trauer ist ein Anpassungsprozess an ein Leben, an dem dein Freund nicht mehr teilnimmt, aber durch Erinnerungen weiterhin bei dir ist. Dieser Anpassungsprozess ist im Wesentlichen durch die Zeit und deine Bereitschaft, die Situation aus einem anderen Blickwinkel zu betrachten, gekennzeichnet.

Es wird der Tag kommen, an dem du einfach dankbar für die Zeit bist, die du mit deinem Hund verbringen durftest. Die Erinnerungen werden fröhlicher und verursachen ab einem gewissen Zeitpunkt keinen großen Schmerz mehr, sondern erfüllen dein Herz mit Wärme. Gib dir bitte Zeit, jeder Mensch trauert anders, du darfst es auf deine Art und Weise tun.

Eine Grabstätte.

Hast du deinen Hund bei dir im Garten beigesetzt oder einäschern lassen und die Urne im Garten begraben? Dann hast du dir einen Ort geschaffen, an dem du innehalten und gedenken kannst. Du kannst das Grab mit Figuren, Windspielen, Laternen, einer Gedenkplatte oder einem Grabstein dekorieren. Die jahreszeitliche Bepflanzung schenkt dir Zeit bei deinem Freund zu sein. Ein Gefühl von Nähe kann entstehen, während du die Pflanzen in die Erde bringst. Deiner Kreativität sind keine Grenzen gesetzt, was die Gestaltung der Grabstätte betrifft. Und dieser schöne Ort wird auch deiner Seele ein Stück Heilung bringen.

Hast du deinen Hund in einer Urne zuhause? Dann kannst du ihm, ähnlich wie unser Gedenkplatz in der Küche, einen Ort in deinem Wohnbereich dekorieren. Bilder, Kerzen, kleine Erinnerungen und eine schöne Pflanze werden dir in deinem Zuhause einen Ort schaffen, der dich an ihn erinnert und ihn nah bei dir sein lässt.

Erinnerungen schaffen.

Nimm dir ein wenig Zeit und such dir Bilder heraus von besonders schönen Momenten, Urlauben, Erlebnissen und vielleicht von einem gemeinsamen Fotoshooting, solltet ihr so etwas gemeinsam gemacht haben. Bestell dir die Bilder als Abzüge und gestalte dir ein Erinnerungs-Fotoalbum. Vom Einzugstag bis zum Abschied kannst du dir ein Album gestalten, das du immer wieder zur Hand nehmen kannst und beim Durchblättern in deinen Gedanken die Zeit mit deinem Hund teilst. Die Suche nach den gemeinsamen Erlebnissen wird dir auch zeigen, wie viele schöne Momente ihr hattet, auch wenn du vielleicht öfter dachtest.

Ich hatte ganz oft den Gedanken, ich hätte zu wenig mit Gâteau gemacht, wir hätten zu wenig gemeinsam erlebt, aber bei der Suche nach Bildern von ihm habe ich so wahnsinnig viele großartige Erlebnisse, Urlaube, Wanderungen, Geburtstage und vieles mehr auf dem Computer und auf dem Handy gefunden, so dass ich dieses Gefühl ganz schnell wieder abschütteln konnte.

Eine weitere schöne Möglichkeit ist Schmuck mit etwas Fell deines Hundes anfertigen zu lassen. Möglich sind richtig viele Schmuckstücke: Kettenanhänger, Armbänder oder Ringe, alles ist möglich. Ich habe von meiner Birka Fell in einige Ketten und Armbänder einarbeiten lassen, weil ich sie auf meiner Hochzeit bei mir haben wollte.

Vorsorglich habe ich immer von allen meinen Hunden einen Briefumschlag mit etwas Fell liegen.

Freude.

Auch Freude ist im Trauerprozess ein großes Thema. Es werden Momente kommen, in denen du lächelst oder einmal laut lachst und im nächsten Moment der Gedanke kommt, das sei falsch und es fühlt sich wie Verrat an deinem verlorenen Freund an. Bitte habe kein schlechtes Gewissen, wenn du einmal lachst oder einen Glücksmoment genießt. Es wird Momente geben, in denen du auch einmal nicht mehr an deinen geliebten Freund und den Verlust denkst und du herzhaft lachen kannst oder voll in einem schönen Augenblick bist. Bitte mache dir dafür keine Vorwürfe. Dein Hund hätte nicht von dir verlangt, dass du für den Rest deines Lebens traurig bist, eher im Gegenteil. Hat er nicht stets dafür sorgen wollen, dass es dir gut geht?

Du darfst positive, wie auch die negativen Gefühle zulassen und musst dabei kein schlechtes Gewissen dafür haben.

Tagesablauf und Struktur.

Schon lange vor der Zeit, als es Gâteau schlecht ging, hatte ich mir eine feste Struktur für meinen Haushalt angewöhnt. Das mag jetzt komisch klingen, aber an jedem Wochentag hatte ich eine feste Aufgabe, die ich erledigte, um nicht zu viel auf einmal machen zu müssen und um mir die Wochenenden so gut es ging freizuhalten.

Diese Struktur half mir in der ersten Zeit der Trauer richtig gut, um nicht vollständig in der Trauer zu sein. Für jeden Tag hatte ich eine kleine Aufgabe, die mich auch ein Stück weit ablenkte und beschäftigte, dem Tag mehr Struktur gab. Überleg dir vielleicht morgens, was du heute schaffen könntest, es muss gar nichts großes sein.

Es reicht bereits, wenn du den Geschirrspüler ausräumst, eine Waschmaschine anstellst und später die Wäsche aufhängst, eine Schublade aufräumst oder etwas Staub wischst. Das holt dich aus der Lähmung der Trauer und wird dir Stück für Stück ins alltägliche Leben zurückhelfen. Gib dir in der ersten Zeit eine Aufgabe, vielleicht sind es nach ein paar Wochen zwei oder drei Aufgaben am Tag. Und wenn es noch nicht geht, dann ist das okay. Geh es langsam an, Schritt für Schritt.

Unseren Tagesablauf habe ich etwas verändert. Die Hunde bekommen immer noch drei Mahlzeiten, das ist Gâteaus Vermächtnis. Aber wir gehen bereits schon früh morgens spazieren. Danach bin ich bis mittags in der Praxis und in der Mittagspause nehme ich mir Zeit für die Mädchen.

Bei schönem Wetter gehen wir im Wald spazieren. Bei schlechtem Wetter gibt es Kuschelzeit auf dem Sofa. Abends gehen wir, wie früher, die Hunderunde mit meinem Mann spazieren, nur dass er jetzt Fräulein Smilla an der Leine hat.

Ein paar kleine Veränderungen bringen neuen Schwung in dein Leben und sie bringen dir Stück für Stück deine Lebensfreude zurück.

Mindset.

Ich beschäftige mich seit vielen Jahren mit der Arbeit an einem, wie es heute modern heißt, positiven Mindset. Dafür lese ich Bücher und höre regelmäßig Podcasts, in denen die Sichtweise auf das Leben positiv beeinflusst wird. Die Podcasts höre ich meistens beim Putzen mit Kopfhörern, manchmal auch beim Kochen und Backen.

Um nur ein paar Podcasts zu nennen, die mir richtig gut gefallen wären:

Auf einen Espresso mit Lars Amend
Der 6-Minuten Podcast (Dominik Spenst)
SEOM – Piraten Guerilla Podcast
Schokolade für die Seele (Dr. Biyon Kattilathu)
HUMAN FUTURE MOVEMENT (Veit Lindau)

In den Folgen kannst du nach Themen schauen, die dir in dem jeweiligen Moment gefallen könnten.

Verschiedene Sichtweisen auf das Leben zu bekommen, ist ein wunderbares Geschenk der heutigen Zeit. Viele Möglichkeiten gibt es online, vielleicht probierst du mal etwas Neues? Gibt es ein Thema, das dich interessiert und das du schon lange vor dir herschiebst? Vielleicht gibt es ein Onlineseminar, dass du auch mit roten, verweinten Augen und in Kuschelklamotten besuchen kannst, die Kamera kann und darf gerne ausbleiben.

Frag dich immer mal wieder, was könnte dir jetzt guttun? Eine heiße Tasse Tee oder Kakao? Ein heißes (Fuß-)Bad? Eine Wärmflasche und etwas Me-Time auf dem Sofa? Ein Buch?

Wie du sicher feststellst, ist in den Aufzeichnungen viel von Wärme die Rede. In der Trauer hat man häufig das Gefühl zu frieren, ähnlich wie bei großem Stress, deswegen gönne dir gerne etwas Wärme und regelmäßige Pausen.

Wärme beruhigt das vegetative Nervensystem und den Parasympathikus, der für deine Entspannung sorgt. Wärme lässt dich sofort etwas besser fühlen, probiere es einfach mal aus.

Das Wünsche-Glas.

Schreib dir auf kleine Zettel, was du gerne in den nächsten Wochen machen würdest. Hättest du Lust auf eine Massage, auf einen Besuch im Kino oder einen Spaziergang in einer anderen Umgebung? Möchtest du mal wieder in einem Restaurant essen gehen? Es gibt sicher einige Dinge, die dir einfallen und die du, zwar nicht jeden Tag, aber alle in ein oder zwei Wochen umsetzen kannst.

Du kannst deine Erlebniswünsche auf kleine Zettel schreiben und in ein Glas füllen und in jeder Woche ziehst du einen heraus. Du erhältst eine kleine Überraschung und darfst an deinem nächsten freien Tag oder Abend etwas unternehmen. Frag gerne einen Freund oder eine Freundin, ob sie dich begleiten möchten.

Mit dem Wünsche-Glas hast du immer eine kleine Vorfreude auf ein kleines Erlebnis und das ist doch wunderschön.

Andersherum geht es aber auch. Du kannst dir jeden Abend überlegen, welcher Moment des Tages dich glücklich gemacht hat oder wofür du heute dankbar bist. Schreib es auf einen Zettel und wirf ihn in dein Glas. Du wirst staunen, es werden einige schöne Momente zusammenkommen.

Depression.

Ein ernstzunehmendes Thema in der Trauerbewältigung ist die Depression, häufiger angesprochen bei der Trauer um menschliche Familienmitglieder, leider viel zu selten beim Abschied eines Familienmitgliedes mit Fell.

Oft ist die Trauer um einen vierbeinigen Freund sogar größer als um einen Menschen, je nachdem wie nah man sich stand. Mit unseren Hunden verbringen wir einen Großteil unseres Lebens, in der Freizeit beschäftigen wir uns mit ihnen, wir verbringen viel Zeit mit Füttern und Kuscheln, unser Tagesablauf ist durch sie geprägt.

Die Intensität deiner Gefühle ist nicht falsch, auch wenn man häufig hört: „Es war doch nur ein Hund.". Für dich war es dein Familienmitglied und du darfst traurig sein.

Hast du jedoch das Gefühl, du benötigst Hilfe, dann suche sie dir bitte. Auch nach dem Verlust eines Hundes ist es möglich, in eine depressive Phase zu fallen und / oder an einer Depression zu erkranken. Eine Gesprächstherapie kann dir schnell helfen, wenn du sie rechtzeitig in Anspruch nimmst. Es ist nichts Verwerfliches daran, Hilfe zu suchen und anzunehmen. Gib bitte gut acht auf dich.

Ein paar Worte zum Schluss

Das Jahr 2024 hatte mich ordentlich herausgefordert und mir viel Kraft geraubt, mir aber auch viele schöne Momente geschenkt. Wir durften miterleben, wie Gâteau alt und gebrechlich wurde, was letzten Endes auch ein Geschenk war.

Guess hatte in diesem Jahr nur zwei Anfälle, was wirklich überschaubar war. Wir haben einen großartigen Sommer verbracht, viel Zeit draußen genossen und wir freuten uns nun auf die gemütliche Zeit des Jahres.

Mittlerweile bullerte täglich der Ofen, wenn es draußen dunkel wurde, leuchteten bei uns im warmen Zuhause viele Kerzen. Wir konnten uns trotz allem nicht beklagen und das sagte ich mir jeden Tag. Was für ein schönes Leben wir führen durften, musste einfach mit Dankbarkeit und Wertschätzung gewürdigt werden.

Dankbarkeit für jeden Tag zu empfinden, war eine der größten Gaben, die ich mir in den letzten Jahren angeeignet hatte. Ich empfehle es dir von Herzen, dich auch ein wenig damit zu beschäftigen.

Wenn du einen kranken Hund hast, dich um ihn kümmern möchtest, kümmere dich bitte auch gut um dich selbst. Nur, wenn wir gut auf uns achten, können wir auch gut für andere sorgen. Auch wenn es nicht immer leicht ist, der Alltagsstress groß ist, irgendwo sind sicher fünf Minuten, die du dir Ruhe mit einer Tasse Tee gönnen oder ein bis zwei Seiten in einem schönen Buch lesen kannst.

Achtsamkeit, Dankbarkeit und im Hier und Jetzt zu sein, das sind große Stützpfeiler im Leben. Und darum wird es auch in meinem nächsten Buch gehen. Allerdings werde ich an dieser Stelle kein geschätztes Erscheinungsdatum sagen. Du wirst es erfahren, wenn sich das nächste Buch auf den Weg macht.

Unser Leben geht weiter. Wenn du wissen möchtest, was uns im Alltag bewegt, wie es Guess geht oder einfach schöne Geschichten lesen magst, dann folge Guess gerne auf ihrer Facebook-Seite:

Guess – Kleines wildes Ding aus dem Busch.

Ich freue mich auf Kommunikation mit dir!

Danksagung

Mein lieber Gâteau, mein kleiner Junge, mein kleiner Denker, du alte Seele und Hund mit den tausend Spitznamen, ich danke dir von Herzen für über 14 gemeinsame Jahre mit Höhen und Tiefen, durch die du mich begleitet und wie mir immer den Weg der Gelassenheit vorgelebt hast. Ich werde ihn beherzigen und mir immer wieder in Erinnerung rufen, wenn ich zu viel auf einmal möchte.

Guess, bei dir bedanke ich mich heute an zweiter Stelle, Gâteau hat dir in letzter Zeit ein wenig die Aufmerksamkeit gestohlen, die wir aber künftig nachholen werden. Du hast geduldig als Beobachterin in den letzten Monaten gelebt und wenig eingefordert, dafür danke ich dir. Ich wünsche mir für dich, dass es dir noch eine ganz lange Zeit gut geht und wir diese gemeinsam mit wundervollen Erinnerungen schmücken werden.

Danke, mein kleines Fräulein Smilla, dass du mich auch in den traurigsten Momenten zum Lächeln bringen konntest, mich motiviert hast, aufzustehen und weiterzumachen, mich zu bewegen, am liebsten gemeinsam mit dir. Ich liebe unsere Ballspielmomente, die uns im Hier und Jetzt sein ließ, alle Sorgen in den Hintergrund rückten und wir heute gemeinsam auf neuen und alten Wegen gemeinsam Freude haben.

Meine liebe Mama, dir danke ich ganz herzlich, dass du mich immer wieder ermutigt hast, meinen Weg zu gehen, meiner Kreativität Ausdruck zu verleihen und mich darin zu unterstützen, dies alles umzusetzen. Dein Lob für meine Werke und meine Arbeit bedeutet mir sehr viel und ohne dich wäre das alles niemals möglich geworden.

Und ein ganz großes Dankeschön geht an dieser Stelle an Sven, der mich machen und meinen Weg gehen ließ, aber mich auch immer wieder mit gutem Rat unterstützte oder, wie zuletzt, mir immer an der Seite stand und half, wo es nötig war, damit alles weiterlief. Du, als Pragmatiker, der mich als kreativer Mensch immer wieder auf den Boden holte und nicht nur in Luftschlössern verweilen ließ. Damit sorgtest du bei mir immer wieder für ausreichend Erdung, die mich anfangs wirklich genervt hatte, mir aber heute eine sehr liebe Eigenschaft von dir geworden ist.

Liebe Maren, dir danke ich von Herzen für unseren wunderbaren Austausch, ohne welchen ich so schnell nicht weitergeschrieben hätte. Uns verbinden unsere Berufe, unsere Liebe zum Basenji, die Liebe zu Büchern und wie sich herausgestellt hat, noch ganz Vieles mehr. Ich freue mich auf dein nächstes Buch, bleib bitte dran! Es erfüllt dich genauso wie mich, das weiß ich. Und wenn du nicht weiterkommst, leg dir bitte deine Schreib-Playlist auf die Ohren, sie ist fantastisch!

Liebe Ingrid, ohne deine Arbeit im Tierschutz hätte ich so wunderbare Hundeseelen niemals bei mir begrüßen dürfen. Ich bin so stolz auf dich, wie du deine den Straßenhunden gewidmete Arbeit schaffst, aber ich freue mich auch, dass du mittlerweile auf Unterstützung zählen kannst. Für die Joshi-Hunde soll dieses Buch Unterstützung sein, als Dankeschön spende ich einen Teil des Erlöses.

Liebe Leserinnen, liebe Leser,
euch gilt ganz großer Dank, dass ihr bis hierhergekommen seid. Mit dem Lesen dieses Buches unterstützt ihr meine Arbeit und eine gute Sache. Ich hoffe das Buch hat euch gefallen. Ich würde mich riesig freuen, wenn ihr eine gute Rezension für mich hinterlasst und nicht das Buch nicht an die Seite legt. Ich freue mich über Feedback und wünsche euch von Herzen alles Liebe!

Buchtipps zum Thema Abschied und Trauer

Die Weisheit alter Hunde - Elli H. Radinger

Abschied vom geliebten Hund - Elli H. Radinger

Der Verlust eines Hundes und wie wir ihn überwinden - Elli H. Radinger

Es ist doch nur ein Hund ...: Trauer um Tiere - Claudia Pilatus

Mehr als nur ein Hund - Ein Erinnerungsbuch - Anne Seven

Auf Wiedersehen, lieber Hund! – Trauerbuch für Kinder

Buchtipps für dich (zum Abschalten und Träumen)

LIA - Quelle der Magie - Maren Rausch
(wird in naher Zukunft auch eine Fortsetzung herausbringen)

Die Sonne in dir - Vanessa Göcking

Das Wunder in dir - Vanessa Göcking

(weitere Bände in der Reihe werden folgen)

Der fabelhafte Buchladen des Mr. Livingstone - Mónica Gutiérrez

Anne Leena Wentscher

Geboren 1983 in Göttingen, lebt seit 1983 in Osterode am Harz

Selbstständige geprüfte Hundephysiotherapeutin mit eigener Praxis seit 2007, geprüfte Tierheilpraktikerin seit 2011

Erstes geschriebenes Buch „Love Guess And Rock On – Unser Leben mit Epilepsie", veröffentlicht im Juni 2021

Fortsetzung des Buches „Love Guess And Rock On – Das Leben geht weiter", veröffentlicht im Dezember 2024

Hundehalterin seit 2005, derzeit leben zwei Hunde im Alter von sechs und dreizehn Jahren bei ihr